···· 丛书主编 朱小蔓 ····

U0573837

教师情感表达与师生关系构建

于细微处见深情

张华军　周慧◎主编

北京师范大学出版集团
BEIJING NORMAL UNIVERSITY PUBLISHING GROUP
北京师范大学出版社

图书在版编目(CIP)数据

教师情感表达与师生关系构建：于细微处见深情/张华军，周慧主编. —北京：北京师范大学出版社，2023.1
（教师情感表达与师生关系构建丛书）
ISBN 978-7-303-27754-4

Ⅰ. ①教… Ⅱ. ①张… ②周… Ⅲ. ①师生关系—研究 Ⅳ. ①G456

中国版本图书馆 CIP 数据核字(2022)第 015100 号

图书意见反馈：gaozhifk@bnupg.com 010-58805079
营销中心电话：010-58802755 58800035
北师大出版社教师教育分社微信公众号 京师教师教育

出版发行：北京师范大学出版社 www.bnupg.com
　　　　　北京市西城区新街口外大街 12-3 号
　　　　　邮政编码：100088
印　　刷：三河市兴达印务有限公司
经　　销：全国新华书店
开　　本：710 mm×1000 mm 1/16
印　　张：8.75
字　　数：143 千字
版　　次：2023 年 1 月第 1 版
印　　次：2023 年 1 月第 1 次印刷
定　　价：36.00 元

策划编辑：郭　翔　　　　责任编辑：郭　翔　沈英伦
美术编辑：焦　丽　　　　装帧设计：焦　丽
责任校对：郑淑莉　　　　责任印制：马　洁

序

　　2014 年 9 月 29 日，"时代的'道德人'培养——教师情感表达与师生关系构建"（以下简称"教师情感表达与师生关系构建"）项目负责人朱小蔓教授带领我们首次造访北京中学时的情景，至今仍历历在目。彼时，北京中学还是一所刚刚成立一年多的学校，坐落在朝阳区西坝河旁，校园不大，是由一所前职业学校改建而成的。对于这样一所新校，我们却是慕名而来，因为学校的办学理念和我们项目所追求的人文情感素养的培育目标高度一致。鉴于之前和其他学校合作时产生的挫折，我们认为学校的文化和理念与项目的匹配非常重要。在第一次见面会上，夏青峰校长为我们详细介绍了北京中学以"为了每个学生全面而自由的成长"为总思想的办学思路，围绕"世界因我更美好"的校训展开课程设置和实践活动的设计与实施，从各个细节体现学校"以学生为中心"的办学理念，帮助学生身心充分展开，既倡导个性，又鼓励合作。无疑，这是一所吸取了传统教育精华同时又着眼于未来的创新学校。更难能可贵的是，这所公办学校得到了北京市教委和朝阳区政府的大力支持，体现的是公立学校从体制机制上的改革创新探索意识。学校和项目方在介绍了各自的理念和思路之后，第一次会谈结束双方就一拍即合，促进了项目合作的实现。这是一次特别宝贵而又有些"奢侈"的合作，教育是一个复杂的系统，任何小的变革都会引发很多意想不到的问题，多数学校会望而却步，正是勇于改革创新的北京中学，以极大的热情和魄力承接了项目，并与我们的研究人员在思想理念层面达到高度的契合，这是多么不容易的事！

　　有了第一次见面的"一见钟情"，接下来我们的合作就顺理成章地开展了，成立工作团队、创立工作机制、确定工作步骤等，一步一步紧锣密鼓地展开。从 2014 年 10 月至今，在夏青峰校长的领导和支持下，项目研究有序开展，我们和校方一起做了大量设计、组织、协调的工作，共有超过 30 位教师加入项目研究，其中大多数教师都是 4 年来持续地参加项目活动的，成为项目的坚定支持者。值得一提的是，项目从一开始就秉持"自愿"的原则，所有活动

1

序

都面向全校教师开放，教师完全是自愿报名参加，这一原则和北京中学鼓励教师自主发展的理念一致，也充分体现了我们项目本身所要传播的"尊重、平等"的情感人文思想。我们希望我们所有的工作都能与发生交集的教师建立富有情感的联系，而不想做一种自上而下、带有压迫感的专家式的理论传授。因为我们相信，不管是师生关系，还是其他人际关系的建立，本质上都是一种情感上的联结和认同。

有了基本的共识，项目就持续而愉悦地展开了，我们也非常欣慰地看到越来越多的教师被吸引，加入进来，总是听到有教师来和我们说这个项目带给他们教学上的改变。我们的项目在北京中学的活动大致有以下几大类：首先，是从 2014 年 12 月至 2015 年 12 月为期一年的观课及研讨系列活动，共计开展了 9 次"观课及研讨"活动。每次活动由一位报名的教师进行授课，项目组成员集体观课，授课结束后我们会进行集体研讨，大家围绕着课堂教学中的情感表达和师生关系展开讨论，结合课堂中呈现的细节探讨情感在教与学中的作用，通常是长达 2~3 小时甚至更长时间的研讨。我们的授课教师既有刚刚入职的新教师，也有已拥有"特级教师"称号的老教师。大家暂时忘却自己的身份进行跨学科对话，因为我们鼓励自由、平等的交流，所以在研讨时教师们常常会表达不同甚至相左的观点，现场气氛热烈。这样的交流，让刚入职的新教师有了茅塞顿开、豁然开朗的感觉；也让已有一二十年教学经验的老教师顿悟了自己的教学盲区。其次，我们结合北京中学重视青年教师发展的工作思路，为青年教师量身打造了"青年教师成长"系列沙龙，内容包括经典阅读、电影赏析、身体工作坊、课例分析、自我叙事等。在沙龙上，我们邀请相关领域的专家主持活动，并同时邀请学校资深教师传授经验，在沙龙上鼓励青年教师分享他们在工作生活中的困惑和思考，以轻松愉快的方式来审视自己的教学工作。最后，我们邀请项目骨干参与全国性的教学展示、《教师情感表达操作手册》的撰写、《情感—交往型课堂教学指南》的开发等活动。在一次次的上课、研讨、交流碰撞中，我们共同探讨情感课堂的精髓，加深对教师作为一个情感人文学者的自我身份认同和课堂实践。在这四年中，我们真切地感觉到每一位参与项目的教师都是那么真诚而可爱，我们在一起交流，不是专家和学员的关系，而是像同事、朋友一样亲切而自然。我们甚至没有意识到我们已经陪伴着走过了 4 年，也没有意识到原来我们的教师们在日常教学生活中有那么多的故事，流淌着教师对学生浓浓的情意。

现在这本《教师情感表达与师生关系构建：于细微处见深情》的教师文集，似乎也是自然而然产生的，教师们并没有刻意做什么，只是把平日里和学生们交往的故事，用文字表达出来，有班级管理的故事、教学的故事，还有日常和学生交往的故事。在这些故事中，教师们再一次审视自己的教学行为，思考如何做得更好，更好地尊重学生的人格、兴趣，引导学生提升道德修养，实践自身作为教师的信念。我们发现，这样的出发点在各个学科、各个教龄段的教师身上是高度一致的，这成为北京中学教师身上的一种优秀的共同特质：教学是一种感召，教师是一项有着情感人文性的、有温度的职业。作为与北京中学共同参与研究、共同走过一段教育旅程的我们，也有责任把这样的一种职业感受和职业认同表达出来，和广大的教师分享，鼓励更多的教师赋予教师这一职业以情感人文的温度。是的，这是我们共同的事业！

张华军

2022 年 9 月

第一部分：学校文化创建

▶ 一、情感教育与学校文化培育　/ 2

▶ 二、情感——唤醒人的本质力量　/ 8

▶ 三、情感——让教师的职业生涯更完满　/ 13

第二部分：课堂教学互动

▶ 一、玩着学数学　/ 21

▶ 二、在数学教学中进行情感表达的实践探索　/ 28

▶ 三、和学生作伴的语文教学　/ 33

▶ 四、角落里也要有春天——在教学中关注每一个学生　/ 39

▶ 五、英语课堂"虚拟—现实"教学联动中情感教育的发挥　/ 45

▶ 六、构建有情感温度的地理活动探究课堂　/ 52

▶ 七、一钟双音、和而不同——对音乐教学的情感反思　/ 59

▶ 八、别着急，我们是在进行艺术创作　/ 67

▶ 九、体育课堂中的情感对话　/ 73

▶ 十、情深则趣浓——创设有温度的体育课堂　/ 78

第三部分：师生日常交往

▶ 一、教育是生命的呵护——略说情感教育的目的 / 86

▶ 二、教育的智慧在于唤醒——"表情包"事件引发的教育思考 / 91

▶ 三、用宽容引领学生的教育——学生"拿"了手机之后 / 97

▶ 四、以情动情——"丑小鸭"变成"白天鹅" / 102

▶ 五、一封推迟寄出的心形信笺 / 107

▶ 六、在爱中体验幸福 / 115

▶ 七、三代同堂话传统，两辈合家忆童年——在情感浸润中组织
班会活动 / 120

▶ 八、三百天的守望，一辈子的珍藏 / 126

第一部分：学校文化创建

导读：

我们把"学校文化创建"放在整本文集的第一部分，是因为我们发现，一个由研究者主导的教育实践项目要在学校教育中得以落实，首要的是学校管理层能够真正理解、认同项目的理念和价值。这一部分的三篇文章，分别由北京中学校长、书记及校方项目执行人副校长撰写，他们阐述了他们对项目的理解，以及项目理念和学校文化创建之间的关系。北京中学作为一所新办校，在办学之初，就秉承培养健全人格的学生的理念，重视学生的情感、道德和心灵的培育，为过度关注知识传授的学校教育纠偏，这一理念和项目所要实践的道德使命是高度契合的。同时，项目倡导尊重教师情感和教师个性，引导教师进行恰当的情感表达，从而创设人文关怀的教学文化，和北京中学的教师发展理念也是完全一致的。正是有了这一共同的思想认识基础，北京中学作为项目种子校在过去四年的项目实践中始终和项目方紧密合作、相互支持，共同创造了和谐共进的合作文化。

在《情感教育与学校文化培育》中，夏青峰校长阐释了"自由而信任"的学校文化的创建，强调意志、品质、责任作为培育全人的重要性，以及这种学校文化和项目理念的相得益彰。

在《情感——唤醒人的本质力量》中，任炜东书记提出作为师生精神家园的学校是以情感为基础的，这样的学校是学生和教师共同获得精神成长的地方。

在《情感——让教师的职业生涯更完满》中，项目校方执行人、周慧副校长发现教师在项目学习中发生了转变，而她作为学校管理者，对教学的认识也在发生转变。

一、情感教育与学校文化培育

夏青峰

夏青峰，博士，特级教师，北京中学校长。曾获全国第三届小学数学教学比赛第一名，曾任江苏省江阴市华士实验学校校长、北京市朝阳区第二实验小学校长、朝阳区教委副主任。

2014年开始，由北京师范大学朱小蔓教授主持的"教师情感表达与师生关系构建"项目，将北京中学列入"种子学校"作为基地，开展了为期四年的研究与实践。项目组鼓励教师们通过观课、评课、影视工作坊、叙事工作坊、编写手册等多种方式，探索教学过程中教师情感表达的奥秘，积极构建新型的师生关系。项目的持续实施，优化了我校的校园生态，逐渐形成了具有人文关怀的校园文化，提升了学校的办学品质。

朱小蔓教授及专家团队数十次到校园直接指导，在项目的积极影响中，我校高度重视情感教育，从学生的情感入手，着力培养他们成为具有大爱、大德、大情怀的人。

（一）重视文化的熏陶

新诞生的北京中学，无论承载着多少的期望，无论要实现多大的梦想，都要摒弃急功近利与浮躁的心态，以一颗平常心，静心做教育。初创学校最重要的工作是什么？我们认为，答案是培育学校文化的种子。培育好学校文化的种子，就是要培育好学校精神价值、生活方式与集体人格的种子，让这颗种子能润泽饱满，很好地生根发芽、茁壮成长。

1. 确立精神价值

北京中学及其培育的北京中学人，应秉承什么样的精神价值？无论是个体还是集体，都不能仅仅成为社会文明成果的享用者，而应该成为社会文明的推进者与创造者。为此，我们将"世界因我更美好"确定为北京中学的校训。这个世界，可以是大世界，大到关乎整个人类、自然与社会；也可以是小世界，小到身边的小集体、他人与他物，还包括自我的小世界。我们希望，北京中学的毕业生将来无论走到哪里，无论做着什么样的工作，无论遇到什么情况，都能记住这句话，都能因为"我"的存在与努力，让这个世界变得更加美好！

2. 形成生活方式

我们又应以何种方式生活在这个世界？或者说，北京中学的校园生活方式应是怎样的？我们倡导"和而不同，乐在其中"的生活方式。世界有了"不同"才会多彩，有了"和"，这种多彩才会和谐美丽；有了"乐"，这种美丽才会更有生命的活力。"和而不同，乐在其中"，这是中华文化中的宝贵智慧，蕴含着君子的立身处世之道，它成为北京中学所倡导的校风。为在校园中实现"和而不同，乐在其中"的生活方式，教师在"信任、发现、支持与引导"这四个词语上下功夫，由此形成了北京中学的教风。

3. 培育集体人格

培育学校文化最重要的是形成学校的集体人格。我们希望在学校精神价值与生活方式的积累与引导下，北京中学能逐步形成一种理想的集体人格，那就是"仁、智、勇、乐"。为此，学校致力于引导并支持学生学会学习、学会共处、学会生活、学会创新，通过这"四个学会"的路径实施，让北京中学的学生能成长为"仁者不忧、智者不惑、勇者不惧、乐者不疲"的人，进而"享幸福人生，做中华栋梁"。如何才能更好地实施"四个学会"？"教、学、做合一"，这是北京中学倡导的学风。"四个学会"不仅仅是一个认识的过程，更是一个体验与实践的过程，在教中学、在做中学、在做中教，"教、学、做合一"是更有效的学习方式。

（二）发挥信任的力量

教育的过程，其实是一个生长的过程，而不是加工的过程。每个正常发育的学生都如同一粒正常发育的"种子"，在获得必要且充足的阳光、水分与营养的情况下，都会正常地生根、发芽、开花与结果，成长为最好的自己。教育的前提是信任学生，并在此基础上做好三件事，第一件事是"帮助"，尽可能地帮助这些"种子"获得他所需要的"阳光、水分与营养"；第二件事是"保护"，尽力阻止外来的干扰力量对他内在力量的破坏；第三件事是"激发"，不断地激发他内在的生长力量，让他更强大、更主动。信任对内在生长的力量具有很好的激发作用。

1. 信任学生，就让学生过上真实的生活

学校要让学生们过上真实的生活。过什么样的生活，就接受什么样的教育。理想的学校，应该让真实的学习、真实的成长、真实的情感与真实的生活相融。例如，如何让社会主义核心价值观真正地入脑入心，变成学生切实的信念与行为？关键是把这些观念融入学生们的生活中。要培养学生友善的品格，就要让他们拥有友善的生活。学校努力让学生们与大自然有更多的亲密接触，让他们直接去观察鸡蛋孵化、小鸡破壳而出、长大直至死亡的过程，让他们去饲养小白兔、养蚕、救助流浪猫，在感悟生命的过程中，他们的内心会更加柔软。校园里有不同年龄段的学生，中学生们就发起了"小一陪伴计划"，每周都抽出时间陪小学一年级的学生们游戏、玩耍。

2. 信任学生，就把学生放在主体地位

我们尝试让学生置身于成长的问题和矛盾之中，自己讨论规则，变规定为约定，在约定的讨论与执行过程中，诚信、负责等品格自然会得到培养。例如，针对"电子产品到底该不该使用"这个问题，我们让学生展开讨论，探讨使用电子产品对学习的好处和弊端。学生们在讨论中逐渐形成辩证思维，并就电子产品的使用规则、使用时间和场合以及违反规定后的惩罚方式等形成约定。我们发现，这样的约定有时候比规定更有执行力。

3. 信任学生，就把学习的机会还给学生

学校要建立以尊重和信任为主要特征的人文教育环境，支持并鼓励学生参与其中。教师要鼓励学生自由地表达观点，教学要有一定的容错空间，让学生们不断地进行尝试、参与、思考与探究。学生的思维被真正激活了，他们的创造性活动才成为可能。例如，在一年一度的特色春游活动——"328 活动"（每年都在 3 月 28 日举行）中，班级里的每个学生都要写活动策划方案，经过小组竞标、班级竞标遴选出班级最佳方案，再到学校层面参加答辩……这样的过程看上去较为烦琐，实质上是在信任学生的基础上，给学生学习锻炼的机会与空间。

（三）培养奋斗的精神

积极的情感是在积极的生活中培育出来的，良好的品格是在不断的体验与磨炼中形成的。要落实好"立德树人"的根本要求，我们需要让学生在不断的奋斗中，形成热爱奋斗的情感品质，进而成长为具有大爱、大德、大情怀的人。

1. 引导学生树立高远志向

志存高远是成长的根本动力。心里有远方，才能一路风雨兼程。培养学生的奋斗精神，首先要引导学生树立高远的志向，"立鸿鹄志，做奋斗者"。

我们研讨并确立了校训、校风、成长目标，引导学生在形成自己的志向时，自觉地跳出"小我"，更加关注世界的美好、民族的复兴与自我的责任，更加懂得如何才能"让人成为人、让自己成为自己、让世界因我更美好"，从而让他们格局更大些、感情更深些、责任感更强些、奋斗精神更足些。

在帮助学生形成志向的过程中，重点是培育学生的爱国主义情怀。爱国是最深层、最持久的情感，是一个人确立志向、艰苦奋斗的持久动力。我们开展中华文化寻根之旅的活动，带全体学生看过泰山日出、黄山云海、草原辽阔、大漠孤烟，感受山河的壮丽；观看过兵马俑、到过白公馆和宝塔山，感受历史的沧桑，对国家有情愫，心中有了国，自然有爱。每一次的行走，教师和学生携手攀登一座高山，跨过一条河流，领略一种地方传统曲艺，举行一场隆重的诗会，用脚步去丈量祖国的广袤，用诗歌唱响对壮美山河的热爱，感悟优秀传统文化，感受各地的风土人情。一万多千米的行程是学生文化寻根的真实写照，一百二十多万字的研究报告是学生文化寻根的厚重记录。行走的过程是知行合一的过程，学生们学会把"小我"融入历史发展的"大我"之中，感悟个人生命的意义与价值。

2. 引导学生磨砺坚强意志

"士不可以不弘毅，任重而道远。"学生们经受艰难困苦，才能形成坚韧不拔的意志。我们运用各种载体来培养学生坚毅的品格与艰苦奋斗的精神。

第一，我们通过体育活动来磨砺学生的意志。北京中学提出了"无体育，不北中"的理念，除了每周安排五节体育课以外，学校还要求每人每周至少跑步15公里，这作为一项强制性的体育作业，人人都要过关。学生们从被动跑步逐渐变成了享受跑步的乐趣，形成了主动跑步的习惯。在跑步以及其他体育锻炼中，学生们克服了懒散的缺点，形成了坚持不懈的品格、克服困难的勇气，精神更加焕发。

第二，我们创设多种机会，让学生主动到艰苦情境中磨砺自己。在北京中学，每名学生都要参加几次野外攀岩、高空速降、高空拓展活动，在活动中克服畏惧的心态，培育挑战自我的勇气与突破自我的能力。在每次的露营活动中，学校都要安排男同学在深夜里轮流巡视值班，培养男子汉的担当精神。在每次的军训活动中，都要有泥潭穿越、托举原木、铁丝网下匍匐前行、负重急行军等项目，让同学们克服身体、心理上的重重困难，实现自我的超越。在暑假期间，我们组织学生自愿参加戈壁100公里的行走活动，他们走完100公里后，都会惊讶于自己的坚持与潜能。对于这个项目，学生们先是咬牙切齿地埋怨，到痛并快乐着地呼喊，最后将其选为最喜爱的活动之一。"唯其艰难，方显勇毅。唯其笃行，弥足珍贵"，经历过这些活动，学生们增强了对自我潜能的认识、对生命的珍视、对远方的向往、对意义的追寻、对坚持的笃定、对团队的感恩、对奋斗的崇尚。

3. 引导学生担当社会责任

培养学生的奋斗精神，必须与激发学生的社会责任感相结合，培养学生勇于担当的精神。

从自己的事情自己做开始，我们引导学生在家中要适当做家务，把自己该做、能做的事情都做好，不给家人添麻烦。在班级中人人都有自己的服务岗位，事事有人做，人人有事做。宿舍里，所有卫生都要自己打扫，包括公共的盥洗室、卫生间，也是轮流值日。同时，要培养学生的主人翁意识，成为学校的主人，关心、服务身边的人和事。比如，学生们成立了"脊椎侧弯防治小组"，针对校园中有学生脊椎侧弯的现象，开展各种宣传活动，并主动联系医生、医院，帮助同学进行治疗。面对校园中各种需要关心帮助的人和事，让学生都自觉产生一种应有的责任担当。

我们更要培养学生的大爱、大德、大情怀，将他们的视野引导到更多社会需要关心的地方，并开展切实的行动。学生们走进一个又一个社区，给老年人讲解智能手机使用的办法；走进一所又一所需要特别帮扶的学校，教帮扶对象学英语，开设STEM①课程。利用假期时间，我们组织学生到祖国边

---

① STEM是科学（Science）、技术（Technology）、工程（Engineering）、数学（Mathematics）四门学科英文首字母的缩写。

陲的一些发展暂时落后的地区，开展支教活动，让学生们在关心自我的同时，学会关心他人，关爱社会，把祖国的发展与自我的责任紧密地结合起来。"为天地立心，为生民立命，为往圣继绝学，为万世开太平"，在不断开展这些活动后，学生心中会逐渐升腾起这种神圣的责任感，责任感强了，奋斗精神就足了。

4. 引导学生开展创新实践

培养学生的奋斗精神，还必须与学生的真实学习生活结合起来。当然，不是要让学生"头悬梁、锥刺股"，不能无限地加重学生的课业负担，而是要弘扬一种刻苦学习的精神。认真学习、刻苦钻研、不断超越自我，是学生时代应有的奋斗精神。我们在丰厚学生底蕴上是有底线要求的，"听说读写研"，必须要达到一定的标准，而要达到这个标准，学生都要付出艰苦的努力。

结合学生的日常学习培养他们的奋斗精神，另一个重要的举措就是引导他们开展创新实践，让学生置身于问题的解决过程之中、创造性的活动之中。我校的学生常常会为一项实验的开展而废寝忘食，为一个项目的策划而乐此不疲。学校辩论队不断获得北京市、全国一些辩论赛的冠军，他们为此牺牲了很多节假日的时间，在教室里模辩。参加数学建模的学生刻苦研习，沉浸在自己思维的推演与构建之中。学校开展创造性活动，充分调动起学生的精气神与创新活力，他们会不断享受到艰苦奋斗后所带来的快乐。奋斗的快乐才是最大的快乐！

我们通过文化的熏陶、信任的力量、奋斗精神的培养等措施，让教育直接触及学生的情感领域，在真实而丰富的实践活动中，让学生的积极情感品质得到提升，心灵得到滋润，综合素养得到加强，逐步成长为一个具有大爱、大德、大情怀的人。北京中学的校园文化和朱小蔓教授主持的"教师情感表达与师生关系构建"项目所倡导的理念和实践高度契合。有了这一共同的基础，我们得以融洽地、深入地、持续地开展合作，我们的教师也能真正从这个项目的引领中受益。希望通过教师们一个个生动的教育叙事，可以让全国各地更多的教师从中感受情感教育的魅力，并和我们一起来实践充满情感润泽的人文教育。

二、情感——唤醒人的本质力量

任炜东

任炜东，北京市物理学科特级教师，正高级教师，教育部"国培计划"入库专家。获全国模范教师、北京市先进工作者、朝阳区人民教师等荣誉称号。曾在《课程·教材·教法》《中国考试》《北京教育》等期刊上发表多篇研究成果。曾任北京中学党总支书记。

"教师情感表达与师生关系构建"项目由田家炳基金会资助，北京师范大学教师教育研究中心朱小蔓教授主持。北京中学有幸于2014年开始作为项目两所种子学校之一参与项目开发、研究与实践。通过开展叙事工作坊、课程展示以及课例研讨等一系列相关活动，学校在校园文化建设、教师持续发展以及师生关系构建等方面都有了很大的改善。

在接触"教师情感表达与师生关系构建"项目之前，三维目标、核心素养、21世纪关键能力等这些方面都是我们教育工作者思考的热点，但是这个项目让我认识到"情感"实际上是后续一切教育取得实效的心理基础。比如，关于三维目标中的"情感"与该项目中所倡导的"情感"的关系问题，我认为三维目标从根本上说是教师教学设计的一个支架，引导教师思考每一节课应该从哪些维度去设计教学。由于教师教学具有学科性，因此教师在备课时思考的情感，是学生对这个学科的情感。而"教师情感表达与师生关系构建"项目中的"情感"实际上是一种学生的情感成长、情感发育、内心的丰富，是跳出学科范畴，从育人、从学生的人格发展的层面来思考。人们通常讲全员育人、学科育人、学科德育，而基于这个项目来讲，我们这些教育工作者对学科德育的认识更深刻了。

朱小蔓教授领衔的"教师情感表达与师生关系构建"项目在北京中学进行实践，无论是从学校文化阐释的丰富性方面，还是教师发展的持续性方面都起到了引领、带动、启示的作用。实际上解决了一个在观念上"有"和"没有"的问题。无论是教师培训、学生教育，乃至于家长、学校层面的具体运作，首先应该是观念的引领，即关注学生、家长的情感感受，将情感内化，走进学生、教师的心灵深处。就我个人而言，跟学生的关系也是非常好的，学生都挺喜欢我，但这只停留在经验层面，并未上升到理论层面，而在参与这个项目的过程中逐渐实现了从"暗合道妙"到"明合道妙"的状态。学校在办学过程中，也特别希望构建一个师生的精神家园，这个精神家园的构建以情感为基础才能实现。只有教师和学生之间建立情感联结，教师的教育行为、教育目标才可能实现。

在教师培养方面，北京中学也从该项目中受益良多。对于刚入职的新教师而言，他们的主要关注点在对教材的理解以及对课堂流程的把控上。通过参与情感项目，新教师快速而有意识地从关注教材、教学内容以及教学流程过渡到关注学生、关注学生课堂上的实际获得、不同层面的课堂参与等方面，从而真正做到以学生为中心，聚焦学生的学习实际收获。对于教学经验丰富的教师而言，正如上面我自己的经验，从前只是单纯地感受到要和学生搞好关系，但是不知道好的基础是什么。在参与并逐渐理解"教师情感表达与师生关系构建"项目过程中，教师们不断总结自己多年的教学经验，找到了良好师生关系背后在理论层面的支撑。基于理论进一步实践，实际上就是一种自觉行为，而不是自发的、凭感觉的行为。对于学校管理者而言，基于这样的教育认识，在常规培训、日常与干部及教师的谈心谈话中，就会产生自觉行为，进一步引导教师将情感教育理念真正在内心落地生根，引导其进行日常教育工作。作为一名教师，我认为教育就是要"创设引人入胜的情境，设计发人深省的问题，营造民主宽松的课堂，追求师生心灵的共鸣"。这跟朱小蔓教授倡导的情感教育是一致的。其中"引人入胜的情境"，可以解读为以事激趣，同时还可以利用这一情境为后续展开的内容建立一定的直观基础。另外，既然是引人入胜，学生肯定处于一种心情愉悦的状态。基于此，教师进一步设计"发人深省的问题"，即一个主导问题，持续地引导学生关注、探讨、挖掘。教师在这个过程中可以提供支持、引导、质疑、帮助，关注学生的心理变化，适时搭好台阶。"民主宽松的课堂"是指学生在充满安全感的、松弛的状态下，在教师的留白处，学生自主聚焦需要探讨的问题，然后创造性地去解决问题，建构自己的知识体系。由此，最高的境界就是"师生心灵的共鸣"。但是这种心灵共鸣要求教师将完整的个体生命体验和对本学科的理解、对教师工作的理解相结合，与学生们发生"同频共振"，这时获得成长的不仅仅是学生，更包括教师自身。所以我认为教师就是"以我所爱予我所爱"的工作，即以我对自己学科和对教育的热爱来影响、塑造自己的学生。

就教师发展而言，目前统计的数据表明，教师群体中存在心理问题的教师也不少。由于个人的成长经历和格局不同，很多教师受累于学生的学业压力、教育教学的压力等情况。因为升学对每一个学校都是刚性的指标，而这个指标一定会分解到每个教师的工作任务和教学评价中，这也会给教师带来很大的压力。以往的教学管理中更多强调的是责任，即教师的职业道德、岗位职责、家长的期待、学生的期待等，而这种压力对于一些内心相对脆弱的教师，就会转换成负面的情绪，这种负面情绪最后也会影响学生。那么如何在教师群体中传播"正能量"，让心灵的力量更强大一些呢？首先是认知的提升和升级。教师的认识上升到一定的层面，才有可能透过这些具体的现象、事物，从根本上用力、下功夫。朱小蔓教授主持的"教师情感表达与师生关系构建"项目中的空间与时间的概念是很宏大的。一是空间——全球视野；一是时间——人一生的成长。基于这样的视野，实际上就不仅仅是育人的对象——学生，教师也要把自己放到这样一个时空里。如此，不仅仅是学生在成长，教师也在成长，这是师生共同经历的一段生命历程。就像韩愈《师说》中写道的，"闻道有先后，术业有专攻"，师生是一样的。当认知发展到一定层面的时候，从教师的角度来看，指标的压力就可以更好地转化为动力，通过师生的共同努力，教师帮助学生在某一个人生阶段达到更高的平台，成就学生的同时也是成就教师自己。情感的需要是每个人都需要的，学生需要，教师也需要。在教育学生的过程中，使教师更自觉地运用情感因素，从而真正实现让学生"亲其师信其道"。以往我们也强调"亲其师信其道"，但是更关注的是学生的角度，学生应该主动地尊师重教；如今，从教师的角度来讲，我们应该考虑到作为教师，如何去接近"大道"，如何让自己具有"大爱、大德、大情怀"，进而思考做什么、如何做才能让学生亲近自己，从而信教师的"道"。在实际的教育教学过程中，很多时候有一些学生是"亲其师信其道"，还有些学生是"信其道亲其师"——因为喜欢某个学科，所以也喜欢教授该学科的教师，这就更需要教师在扎实学识方面下功夫。工作中，很多教师以学科为本位，但是我希望教师们能淡化学科本位意识，把立德树人作为教育的根本任务，让学生们因"亲其师"而"信其道"。

　　朱小蔓教授提到要着力"提升教师自身人文素养"，从学校管理层面讲，这首先就要持续、深入地建构学校文化、解读学校文化、丰富学校文化内涵。为此，学校每年的教师培训涉及大量的人文教育方面的主题。举办专家讲座，与北京大学继续教育学院进行合作，在华东师范大学进行教师培训，等等，选题有很多相类似的内容，如中国传统文化、教师的专业技能等。有输入也要有输出，在专家培训的基础上，学校很重视优秀教师群体的分享，他们的实践与经验可以进一步丰富校园文化，有助于教师队伍更具体地感受到文化在育人当中的引领作用。另外，从中高考变革的研究中，我们能够充分感受到目前国家中高考改革正在朝着育人的方向积极推进，确实把立德树人作为考试的一个方向，这进一步促进了教师对自己本学科课程目标、课程意义的思考。在一些优秀教师的经验分享会上，比如，2018年1月北京中学年度十佳人物评选，从教师的获奖感言中能够感受到，他们把学生放在第一位，把育人放在第一位。在特级教师论坛中，很多教师自觉地把学科育人、师生交往、教师对学生的欣赏、学生对教师的赠予等经验分享给同仁们，恰恰是这些内容最容易拨动教师们的心弦，产生共鸣。有人说，情感就像一杯糖水，糖水里可能看不见糖，但喝的时候能感受到丝丝甜意。情感教育正是如此。虽然每一节课上都有具体的知识能力目标，但如果没有情感作为基础，"那杯水"就不会那么吸引人。

　　朱小蔓教授曾指出在"情感—交往型课堂"的教学环境中，教师应表现出尊重、关怀、耐心、宽容、欣赏、惬意等情绪情感体验和状态；学生应体验到安全、兴趣、热爱、信任、胜任、成就、自在的情感状态；在教和学的整个过程中，师生双方情感生命状态是稳定、积极、有趣、专注、生动、活泼、自由的情绪情感基调，学习环境是积极安宁的，学习氛围是兴致盎然的，教学中的具体的知识和方法技能会融于积极的情感态度与学习动机中。故事中有振奋、激动、热烈，有沮丧、悲哀、愤怒，人与人之间的情感交往丰富多彩，有时晴空万里、乾坤朗朗，有时多云转阴、浓云密布，偶尔还有电闪雷鸣、暴雨滂沱，这就是真实的校园、真实的校园生活。这里超越了认知发展，更多地关注学生的情感发展，探索提升学生内驱力的操作方法与路径；这里追求师生平等，把学生看在眼里、放在心里，不轻易否定学生的观点，用心、用情做教育；这里有复杂多变的教育情境、意料之外的教育事件，向实践问道，探寻知情意的和谐统一。

马克思曾指出，情感是一个精神饱满、为自己目标而奋斗的人的本质力量。朱小蔓教授指出，情感教育是指在学校教育、教学中关注学生的情绪、情感状态，对那些涉及学生身体、智力、道德、审美、精神成长的情绪与情感品质予以正向的引导和培育。我很期待"教师情感表达与师生关系构建"项目能为更多有志于探索育人模式变革的人所了解，能走进更多的学校，让更多教师受益，因为教师受益必然转化为更多的学生受益。北京中学是"教师情感表达与师生关系构建"项目的实验学校，会持续地把这个项目的成果设置为新教师培训的一个主题，通过培训从理论层面对成功经验做进一步的概括提炼和提升，让更多的教师能够自觉地运用这种形式去指导教育教学和自身人文素养的提升。另外，在日常与教师的交往中，我发现有些教师不会或无法充分表达自己的内心情感，经常出现词不达意的情况。沟通的质量、准确度以及亲和力的差异，就是优秀教师和普通教师的重要区别。优秀的沟通和表达能力，就是能让对方理解并接受，而且是比较愉悦地接受，不发生对抗，这种能力需要训练。项目众多活动之一的"青年教师工作坊"，让教师体会如何表现、表达个人的情感，或许将来可以将培养教师戏剧表演能力作为教师培训中的一门必修课。随着北京中学办学规模的持续扩大，我们的教师来自五湖四海，有从外地引进的特级名师，有北京市内调度的成熟教师，也有新入行的教师，他们成长的经历和经验都不同。因此，我们会在校内持续深化、总结分享项目取得的阶段成果，让更多教师在自己的教学中自觉地进行实践。

三、情感——让教师的职业生涯更完满

周　慧

周慧，博士，高级教师，北京中学副校长。北京市教育学会中青年教育理论工作者研究会理事、副秘书长，朝阳区教育学会中青会会长，朝阳区教育系统中学语文学科带头人。多次主持市区级教育规划课题，参与地方读本与教材的编写，主编、参编学术论著数本，研究成果在《教育学报》《教育测量与评价》《中学语文教学》《语文月刊》《中学语文教学》《中国教育报》等期刊和报纸发表。

　　北京中学作为种子学校，于 2014 年参加了朱小蔓教授主持的"教师情感表达与师生关系构建"项目。在过去的四年里，教师们以多种形式参与到项目研究中，在课堂内外进行了卓有成效的教育教学实践探索，积极构建新型师生关系，不断推动理想课堂的建设。学校也借助该项目所搭建展示的平台，组织教师们进行了多样化的成果展示活动，促进了教师团队文化建设。作为该项目的执行者，我非常有幸和朱小蔓教授及其团队一起亲历了多样化的研究活动，在此过程中见证了教师们的专业成长，也感受到了项目的内在驱动力——让教师的职业生涯变得更加完满。

　　（一）观课及研讨活动，让教师职业生涯的那团火燃烧得更旺

　　2014 年 12 月至 2015 年 12 月，项目组开展了为期一年的观课及研讨系列活动，共计有 9 名教师参与进来，其中有特级教师、骨干教师、年轻教师，涵盖了中学语文、数学、英语、地理、美术等多个学科。教师们都是自主报名参与，在备课环节就和项目组的教师们共同探讨，反复磨课，努力寻找到情感表达的重点。每次上课犹如一场盛会，朱教授和项目组的所有研究人员会来学校听课，校内教师们也会准时赶到教室参加听评课活动，北京师范大学不少博士生也闻讯来参与研讨。教师授课时，朱教授会不时地走到学生中间查看他们的学习进展，课后也会访谈身边的同学，再微笑着回到会场。授课结束后的研讨环节才是最精彩的，各学科教师依次从不同视角发表自己的看法，高校的研究人员会从科研的角度表达观点，教授们、校长们也按捺不住讨论的劲头，纷纷参与进来。大家时常热烈探讨，忘记了时间。在这个时空里流淌的是思想的光辉，留下的是关于师生关系、情感表达和教学真谛的深度探讨。本项目为教师们提供了一个开放、多元、高水平的学术场域，为他们的专业发展提供了精准的指导和引领，让教育工作者的仁爱之心更加发扬光大。

学校有一位地理特级教师，性情非常温和，学生们都很喜欢她。她曾表达过参与该研究后进行的反思：以前自己更关注的是学科专业知识和技能的传授，参与本项目后，更为关注的是学生的课堂情绪状态和思维参与程度，师生互动、生生互动所生成的内容和张力等。因为她意识到人与人之间的情感状态会对知识学习、技能掌握产生较大的影响，而师者的温暖所能给予学生们的力量更是不可估量的，所以她提出了要构建有温度的地理课堂。有时候教师的一句问候和关怀，能给予学生莫大的支持。始于初心，见于温度，让对学生的爱更加具体起来。课堂有温度了，教师便是将学生装在了自己的心中，让职业热情的火把燃烧得更旺盛了。

（二）良好的师生关系，让教师的课堂精彩程度更加显著

在参加本项目之前，我大多从研究的视角进行观课，对教学目标的达成度关注更高，尤其是三维目标中可检测的目标。自参加工作坊、读书会、观课研讨、学术论坛等多种形式的研究活动以来，我对于课堂各种要素的复杂性、交互性、生成性有了更清晰的了解，对于如何评判一节课产生了新的思考，在之后的听课、评课中我有了很大的转变，开始关注课堂中学生与教师的情感表达和交流。

2017年我连续在高一的某个班听了几节课，发现有几名学生喜欢在课堂提问，文科理科课程都有，授课教师都非常耐心地给予了回应和指导，课堂提问声此起彼伏，教师都快应付不过来了，本节课的目标没有办法如期完成。下课后我和学生们做了简短的交流，发现他们很固执，对于抽象的知识和概念没有完全掌握，静不下心来思考，总是迫不及待地想要得到准确的答案，

所以他们会在课上一直和教师讨论，不顾及其他同学的学习状态；对于教师回应得不够的地方，他们希望能有更充分的时间和教师探讨。我和教师们依次沟通发现，他们对学生随时提问的情况也感到很困惑，课时这么紧张，如何才能有效地处理好集中讲解和个性化答疑的关系？他们担心不及时回应或者直接忽略学生的提问，会挫败学生的积极性，导致学生丧失对学习科目的热情；可是如果教师上课时一一回应了学生们的提问，就会耗费大量的时间，导致新课上不完，让其他同学处于等待的状态。我建议教师针对班级授课组织模式下讲授和答疑的适用范围，和学生们进行深度沟通。我围绕教育教学的公平性和个性化辅导的问题和学生们进行了探讨。没过多久，学生们都愉快地接受了教师的观点，并从心底认同了这几位教师的教育教学观，调整了自己的学习策略，使得教师的教和学生的学相得益彰，互相促进，师生情感关系也变得更加密切。此后，教师不止一次地和我说："我最喜欢给这个班的学生们上课了，他们太可爱了！不仅思维深刻活跃，还很谦逊，能有礼貌地站在别人的立场上考虑问题，非常棒！"教师从消极看待到积极改变沟通措施，从发怵到由衷地喜欢这批学生，促使其发生巨大转变的正是师生关系。融洽的师生关系，能让教师感受到课堂的张力和师生情感互动的吸引力，更能体验到师者的尊严和快乐，体验到课堂的精彩程度和互动价值。

（三）真诚的情感表达，让教师的职业幸福感更加强烈

北京中学的教师都很忙，每一个学生都是独特的，都是教师心中的至宝，学生的成长和教育无处不在，整个校园也因此更有爱了。学生们无论出现在教室里，还是在楼道、操场、食堂、宿舍或校门口，都能感受到教师们的关注、鼓励和期待，都能听到教师善意的提醒。他们的顽皮有时会让教师眉头紧锁，但他们一句真诚的"老师，我错了"就消融了教师的所有不悦，随之而来的是教师的宽容、鼓励和信任。因为学校的信任文化，坚信人能成为人，让自己成为自己，所以赋予了学生无穷的想象力和创造力。夏校长曾提到过一个例子，有一次听课时他发现有个男孩趴在了桌子上发言，他非常犹豫，到底管还是不管呢？结果是没管。他觉得如果这个男孩被严厉地批评了，他确实是可以端端正正地坐好，但可能就说不出这么精彩的发言了。正是这份看似纵容的宽容，让同学们不再拘谨。又如给导师组取名字，导师体形较瘦，学生取名为"瘦而不柴组"，另一个导师体形较胖，学生取名为"肥而不腻组"，两组合起来成为一个大组，同学们就干脆取名为"五花肉组"，并且一致鼓掌

16

表示通过。在有爱、安全、信任的学习环境中，看似絮叨的关怀背后，是充足的爱和支撑，学生们能够更加全面、自由地成长，这也是他们至今保有这份鲜活想象力和创意的源泉。当每次看到或听到学生们真诚的表达时，教师们内心的自豪感油然而生。

国际理解教育实验班的班主任梁老师心直口快，她对学生要求很严格，非常注重班风学风建设。她爱身边的每一名学生，却从来不说出口，只是经常利用课余时间找学生们谈心谈话，一次谈不成谈两次，两次没谈下来接着谈……她终于成了学生们看见想躲、看不见又想的教师——又敬又爱的班主任。学生情绪特别低落的时候，她总有办法激励他们，帮助他们走出情绪的低谷，重新进入学习的队列。她从不放弃任何一位学生。有一位被她谈话最多的男生偷偷写了一封感谢信："梁老师是五班与六班之间的桥梁，走班制虽是基础，可是没有梁老师，就不会有我们现在这个融洽的班集体。梁老师不仅是数学老师、班主任，也是我们的大朋友，是我们在学校的妈妈。她牺牲自己的休息时间，听我们谈论生活中遇到的困难。也愿意像母亲一般，为我们提出建议与措施，让我们用更好的心态去面对学习，对未来生活充满自信。还记得开学初的我，对学校跑步锻炼的要求感到不理解并且有怨言。校医联系了梁老师，说我身体太差，从此梁老师就开始监督我每天跑步。最初，我跟梁老师商量就跑三圈，她每天都带着我跑完三圈。现在她不用督促，我就会自觉地下楼跑步。我真的很感谢梁老师，她能细致到对每名学生进行不同的管理，这背后的思考和辛苦的付出，可想而知。因为梁老师的付出，我们国际理解教育实验班中每名同学才能有更好的计划和发展。我经常看到梁老师不厌其烦地给班里的同学们讲题，非常有责任心！梁老师的陪伴，是我得以把事情持续做下去的不懈动力！真心地感谢梁老师这两年的付出！"让这位成熟教师感动流泪的信，正是师生关系融洽和高度信任的体现，也唯有真诚的沟通和表达，才会让教育的力量如此强大。

一所好学校最吸引人的就是优秀的教师团队，因为好教师是学生成长的引路人，能让美好的种子在学生心中生根发芽。好教师会关注学生在课堂学习愉快不愉快、喜欢不喜欢，聚焦和学生共同度过一段美好的时光，因此他们会更注重培养学生的想象力、好奇心、创造愿望、探究意识，让他们学会主动地跟他人去沟通和交流、解决问题、提出新问题……这些都需要积极的师生情感状态去实现。

北京中学的种子教师参加这个项目四年多了，作为见证者的我能明显感受到他们身上的教育情怀变得更浓厚，对于教学本质和情感表达的方式理解得更透彻，课堂富有内涵而更丰厚，彰显了教师具有情感人文性和艺术性的职业特征。愿参加"教师情感表达与师生关系构建"项目的教师们都能更从容地享受教师这一职业的幸福感，因为它让我们感受到了教师这个温情生动的职业的价值——历久弥新、不可或缺。

第二部分：课堂教学互动

导读：

"情感—交往型"课堂形态的探索是"教师情感表达与师生关系构建"项目在种子校北京中学实践的重点。我们每月开展一次观课、研讨活动，通过跨学科交流，探讨超越学科特性的课堂教学中的师生情感互动。师生情感交往的契机，可能发生在课堂教学的每一个瞬间。它常常以意想不到的方式出现，需要教师用敏锐、开放、接纳的姿态去体察、理解和引导。这往往意味着一种全新的观察和认知模式，也可能带来对教师固有观念的挑战。参与项目的教师们都全身心地投入到"情感—交往型"课堂形态的实践和研讨中，并在他们各自学科的教学中获得新的发现。更重要的是，他们发现当课堂教学注入了情感后，"教"和"学"变得更容易了，但也变得更难、更复杂了。容易，是因为当教师更多地去理解学生、站在学生的立场去教时，学生更愿意学了。难，是因为教师不能再只按照预先做好的教学设计来授课，而是必须向课堂中无数的未知时刻开放，向无法设计好的学生的好奇、质疑、困惑开放。

在《玩着学数学》中，王来田老师给我们展示了他和学生们共同表演的妙趣横生的"帽子表演"，他所实践的"玩着学数学"，不是为了游戏而游戏，为了好玩而学习，而是在学习中创设真实的生活情境，让学生爱学、乐学，自然地把学生带入数学学科学习中。

在《在数学教学中进行情感表达的实践探索》中，申海东老师用质朴的语言再现了一堂看似平淡，实则融入了情感表达的课堂。他也为我们展现了教师课堂情感表达并不拘泥于形式，贵在真和诚。

在《和学生作伴的语文教学》中，熊伟老师充分利用语文教学的学科特点，通过文言文创作、人物点评等方式，既拉近了和学生的心理、情感距离，又激发了学生对语文的学习兴趣，为我们提供了一个情感人文教学的示范。

在《角落里也要有春天——在教学中关注每一个学生》中，全洪姝老师从一次项目的公开课研讨中得到灵感，教学关注点从对教学内容的关注更多地转变到对学生内在状态的关注，特别是关注那些学业表现不突出的学生的学习需求。金老师的转变和项目的宗旨深度契合，即把教师注意力转移到人（学生）身上，实现富有情感关怀的人文课堂。

在《英语课堂"虚拟—现实"教学联动中情感教育的发挥》中，谢菲菲老师层层递进地抛出她作为英语教师的三个问题，这位追求专业精进的老师，通过她偶然发现的英文配音的方式实现了和学生深刻而有温度的情感关系的建立，同时成就了一位好老师。

在《构建有情感温度的地理活动探究课堂》中，地理特级教师张树宏老师始终用情感来贯穿其教学设计，展现了她精湛的学科专业素养。她在课程设计及实施中用情感之眼来看待课程、发现学生、接纳"意外"，把对生活的探究用地理知识来贯通，可谓精彩纷呈。

在《一钟双音、和而不同——对音乐教学的情感反思》中，杨琼老师通过给同学们介绍曾侯乙编钟的系列课程，针对在课程初期学生出现的"反常"的情感反应，她用开放、接纳的心态理解学生，及时调整课程后续的进程，帮助学生理解了古代音乐，达到了理想的教学效果，体现了杨老师对"情感—交往型"课堂的深刻理解以及她精深的专业知识和高超的课堂驾驭能力。

在《别着急，我们是在进行艺术创作》中，吕源老师再现了一节她在入职之初就参与到项目中的公开课"店铺设计"。通过反复的讨论、反思，她描绘了若干个当时课堂中出现的细节，并在这样的碰撞和描摹中逐步清晰、坚定了自己的艺术教育理念。艺术教育是审美的教育，是追求精致生活的教育，这种精致不是形式上的，而是契合人的心灵向善、向美的。她通过这一课的分析，给出了精彩的

19

示范。

在《体育课堂中的情感对话》中，原鹏程老师分享了一个他帮助学生小松克服心理障碍成功完成"分腿腾跃山羊"动作的故事。这个故事很好地阐释了"体育不仅是育身，更是育心"的学科本质。

在《情深则趣浓——创设有温度的体育课堂》中，梁攀攀老师作为年轻的体育老师，通过积极参与到项目各项活动中，探索他一直思考的问题：体育能给我们带来什么？他坚持思考体育教育的本质，坚持体育的育人本质。体育教育不仅是身体素质提高和体育技能的传授，更是人身心的和谐追求，这样的体育课，自然也是富有趣味和情感温度的。

一、玩着学数学[①]

王来田

　　王来田，数学特级教师，硕士学历，北京市优秀教师。北京教科院"吴正宪小学数学教师工作站"成员，北京市小学数学教师专业研修项目指导教师，教育部国培专家，北京师范大学教学实践专家，北京师范大学教育经济研究所特聘专家。应邀在北京、上海、贵州、青海等地做教学交流。

　　我是一个喜欢玩的人，我的数学教学也是奉行"玩着学数学"。但是请不要误会，玩着学数学，并非单纯的玩，也并非是不努力就能学好数学。玩着学数学，是指教师站在学生的立场，以符合学生年龄特点和认知规律的寓教于乐的方式实施教学，使学生在学习中产生愉快的情绪体验。就如朱小蔓教授所说，这种愉快的情绪体验，实际上是形成一种内部的深刻的状态，一种类似灵魂聚焦的东西，使他不仅在童年，而且在一生中朝着一个确定的方向前进，对此我深以为是。因此当我得知朱小蔓教授主持的"教师情感表达与师生关系构建"项目在北京中学实施时，我对这个项目的感受是一见钟情。我感觉到多年来凭直觉进行的数学教学的探索有了知音、得到了共鸣，这给我的教学带来莫大的鼓舞。

　　"为什么要玩着学数学？"对于这个问题，我想从一节课说起。

　　（一）玩着学数学，重要的是有一个好玩的情境

　　好玩的情境，一定能唤醒和激发学生的学习兴趣；好玩的情境，一定蕴含着好的问题；好玩的背后，就是数学的本质。玩着学数学，即教师是以一

---

① 此文发表于《中国教师》2015 年第 4 期，原文题目为《在问题解决教学中培养学生的创新能力》。

种学生喜闻乐见的方式，深入浅出地带领他们进入数学的世界。

例如，如何让"圆柱体表面积"这样一节枯燥的公式课吸引学生们呢？如何让学生们主动地站在课堂正中央呢？怎样才能从一开场就征服所有学生呢？我觉得要向电视节目的精彩开场方式学习、向主持人学习，从开始的那一刻就抓住所有同学的眼球。电视节目如果不吸引人，观众可以换台。但是我们的学生无法换台，他们每天要在固定的时间，坐在固定座位等待教师出场，无论我们的"演出"是精彩，还是无聊。

教学"圆柱体表面积"时，我运用一个类似时装表演的情境，在学生面前呈现出一个好玩的"场景"，使学生们一下子融入其中。教学片段如下。

帽子表演

师：上节课我们学习了圆柱，今天我们接着学习相关知识。今天有远道而来的客人，所以我们这节课的开始，先来一段时装表演，说得更准确点，是帽子表演。看看有没有你熟悉的帽子，请你思考：它是什么帽子，有什么用途？好，有请我们的小演员入场。

这时，三位同学，头上戴着三顶不同的帽子，从教室门口进入。

生1：最左面那顶是厨师帽，是防止头发掉到饭菜里的。

生2：中间这一项是礼帽，耍酷用的。（学生们都笑了起来）

师：那第三顶帽子呢？（愣了一会，没有人知道）

生3：第三顶帽子有点像表演的时候用的，演喜剧的。

生4：我觉得这个帽子有点像刷漆工人戴的。

师：我跟你握握手，真了不起，这个帽子我让好多老师、学生猜，都不知道它的用途。你说得对，这个啊，就是每年春节前我刷房子用的，这是干什么用的？防止灰尘掉到头发里的。你说油漆也对，油漆那东西要掉到脑袋上也很难处理掉的。我们今天的数学课，就从这顶帽子开始。

师：就这顶厨师帽，你能提出什么数学问题吗？

生1：可以提出"做这样一顶厨师帽，至少要用多少布料"。

生2：还有就是这个厨师帽搁到桌子上它所占的体积。

生3：这顶帽子能装多少东西？

师：我知道，你是说把它倒过来，里面能装多少爆米花。非常好，我们看到，这是三个什么样的问题呢？我也不知道。这节课我们先从第一个问题入手研究。

在"帽子表演"这个好玩的情境里，学生们结合厨师帽，自己发现并提出问题"做这样一顶厨师帽，至少要用多少布料"。生动好玩的情境打开学生学习之门，学生们会产生轻松愉快的情绪体验，从而进入爱学、乐学的状态。就这样，基于问题引领下的自主探究学习展开了，"圆柱表面积"这一数学知识不再死板，而是充满趣味地来到学生中间。

（二）玩着学数学，重要的是重视师生情感的构建

当教学开始时，情感即在教室中弥漫，有教师的情感，也有学生的情感。作为数学老师，透过我们的语言和动作所表现出来的情绪和情感，都会对学生的数学学习产生重大影响。无论我们所表现出来的情感是有意识的还是无意识的，都会显著地增强或者阻碍学生的学习效果。无论课堂内外，情感都是我们重要的信息来源。有确凿的证据证明，情感也与如何组织和创造我们对现实的感知有很大的关系。情感驱动我们选择优先注意的东西——我们选择关注什么，选择忽视什么。比如，这个女生皱眉意味着什么？那个男生的语调说明什么？他点头说明他真的理解了吗？在北京中学的数学课上，教师无时无刻不在解读着学生的各种表现。教师良好的情感表达能力，能让我们更好地读懂学生，发挥教师的发现、支持、服务、引领作用。

还是在"圆柱体表面积"这节课上，一位女生在介绍自己计算圆柱侧面积方法的发现过程时，她个性化的语言、感染力的语调，加上夸张的动作，就显得特别有意思，一下子就把师生逗乐了。在生生互动、师生互动中，学生幽默的语调、夸张的肢体动作，把抽象的数学知识变得形象而具体，学生学

得轻松，学得深刻。

生：我把圆柱形帽子的侧面扽(dèn)开，就得到了一个长方形。(这名女生边说、边比画，说“扽”这个词的时候特别夸张，学生们都笑了)

师：“扽开”什么意思？(学生们再笑)

生：“扽开”就是“扽开”呀！(这位女生仍然是边说边比画，学生们大笑)

师：好吧，那就“扽开”！(学生们再笑)

在这个案例里，没有人不理解那位女生的“扽开”就是化曲为直，把圆柱的侧面这个曲面转化为一个平面——长方形。但当这位女学生还是习惯于她自己的语言交流时，我就不再计较了。与其严格地不理解，不如不严格地理解，何况她的语气那么有意思，她的动作配合得那么直观。于是，我也诙谐地学着她的样子说道：“好吧，那就‘扽开’！”

数学是严谨的，但也需要感性的教学，因为我们面对的是活生生的、有着不同个性的学生，站在学生的视角去看问题，用学生能懂的语言去表达，化难为易，让数学有温度，让课堂有笑声，亲近学生，亲近生活，学生才会更喜欢数学，更理解数学。因此，教师要善于创造和捕捉具有情感化特征的教学事件，使师生在课堂交往和互动中，进行有情感有人文素质的表达，构建良好的师生关系。

教师对学科中广泛蕴含的具有情感教育价值的内容，敏于发现与捕捉、善于挖掘、主动构建恰当的情感表达，可以使学生的注意力不断集中和保持下去。在这节课上，学生幽默的表达，老师诙谐的点拨，调节了学生们紧张的情绪，驱散了他们的疲劳，点亮了学生的智慧之旅。

（三）玩着学数学，要在教学中树立学生学习的信心

玩着学数学，也要在教学中树立学生学好数学的自信心以及坚毅的意志品质。而这种自信心与坚毅的意志品质培养，来源于教师对课堂的及时捕捉，来源于教师的有意“放大”。在课堂上，当我们“发现”了学生，学生才会“发现”自己，那一刻，学生的体验就是“怦然心动”。有了这样的情感体验，他们才会明白刻苦钻研的价值，才会懂得坚韧不拔的意义。他们才会领略到数学的美妙和获得成功的喜悦。

“圆柱体表面积”一课，在应用所学知识解决问题过程中，学生对一顶“礼帽”(如图)的常规解法和创新思维依次呈现了出来。

帽子求解

常规解法

生1：我是这么求的，就是先把底面积求出来，然后再把侧面积求出来，然后就把圆环求出来就好，再把这三个加起来就好了。

师：哦，可以不可以？非常清楚，给她点掌声。（学生们鼓掌）

生2：数学其实也是一种简约之美吧！（一边往前走，一边说）我就特别简单、粗暴，"咔嚓"一下压下去（随着这位学生的"咔嚓"一声，听讲的同学都笑了起来），这里就变成一个大圆了（指着帽子的下面），我们就不需要再求这个圆环的面积。（那样）特别麻烦，（我这样就）变成一个大圆就好求了，再求这圈。

生3：真的能正好重合吗？（底下传来质疑的声音）

师：是啊，真的能正好重合吗？我们来验证一下，是否真的能做到呢？

（教师把帽顶揭下来，从下方与帽檐重合——果然重合。看到这种情形，学生们都自发地、笑着鼓起掌来）

师：我非常喜欢这个"简单""粗暴"的方式，给他点掌声！其实王老师在制作的时候，就是先找一个大圆，然后把它掏空了以后当帽顶，所以非常精彩，再次给点掌声。（学生们脸上都充满了笑容，笑容里满含对学伴的敬意）

在这个片段中，同学们看着生2边走、边说、边比画，都开心地笑了。这位男生的动作、表情、语言本身就非常有个性、有喜感，让教室里讲课的教师、学习的学生、听课的来宾都感到轻松愉快。课堂上，我第一时间注意到了这一点，为他高兴，被他感染，并且在验证他的方法能够"重合"以后，

表扬学生

我拍着他的肩膀，由衷地表达了我的赞赏："我非常喜欢这个'简单''粗暴'的方式，给他点掌声！"

这一场景在事后回忆起来，我联想到朱小蔓教授曾在北京中学和教师交流时谈到的：人在知识学习过程中会有一系列情感性特征，会直接或投射性地表达出来。知识学习过程中弥漫着的情感，成为其价值好恶的标识器。这些情感作为个人化的感觉经验不断积累和选择性享用，构成学习者主体朝向一定价值方向的内在经验。

课堂中融洽的师生关系、民主的课堂文化是良好师生情感构建的基础。有了恰当的情感表达，形式化的数学知识变得亲切、具体、直观、形象化，并且还以情境促进了长时记忆。无论教师还是学生，只要是身在其中的人，都获得了积极的情感体验，同时对所学内容有了更深刻的认识。

（四）玩着学数学，也追求克服困难后的积极情感体验

数学学习从来不是一件轻松的事情，但凡取得一定的成就，都是需要付出艰苦努力的。玩着学数学，并不意味着学生不需要刻苦学习。恰恰相反，养成坚毅的意志品质，这不仅是数学学习的需要，也是人生的一种修炼。

在"圆柱体表面积"的最后环节，我出示了这节课的第三顶帽子，并以它为学有余力的学生布置了一个富有挑战性的思考题：制作这样一顶圆锥形的帽子至少需要多少报纸？第三顶帽子，使这节课在末尾由圆柱体表面积向圆锥体表面积延展，因此，这个问题对学生而言，极具挑战性。

在第二天数学课的作业讲评环节，班上的一名学生竟然真的讲出了圆锥表面积的求法。面对这个实际问题，他说其实在过程中进行过不断的尝试，最终用转化的思想解决了这个圆锥表面积的问题。当他由研究圆锥形帽子而推导出扇形面积公式的时候，同学们用钦佩的目光看着他，教师和同学都用热烈掌声对他表示鼓励。那一刻，那名学生略带羞涩地露出了笑容。透过羞涩的笑容，我知道那名学生体验到了克服困难后获得的深度的喜悦感，这是个体努力追求自己真正快乐的一种状态，它并不需要明确的外部奖励。

数学园地

"许多因素都能激发人的学习动机，如渴望赞扬和认同等，但其中最有力的一种是理解时的喜悦感。大脑对这种感觉有着明确的反应……人一旦有过这种体验，就会再想拥有。早期教育的主要目标之一就应当让学生尽早获得这种体验。这样，学生们就会知道，学习是一件多么美妙的事情！"[1]

为了鼓励这名学生的大胆尝试，表扬他在解决问题中的不断努力和深度学习，我把他的研讨草稿放大复印在 A3 纸上，和那顶报纸做的帽子一起，悬挂在数学园地里。张贴在数学园地里，那就不单单是一项用报纸做的帽子和一张演算草稿了，而是对学生自主学习的鼓励和赞扬。

玩着学数学，有利于教师情感表达和良好师生关系的构建，有利于对学生的唤醒、启发和促进。

和学生们在一起，玩着学数学。

① 经济合作与发展组织编：《理解脑——新的学习科学的诞生》，周加仙，等，译，北京，教育科学出版社，2014(12)，81 页。

二、在数学教学中进行情感表达的实践探索

申海东

申海东，中学高级教师，北京市骨干教师，现任教于北京中学，北京市朝阳区教育系统数学学科带头人，朝阳区数学兼职教研员。《中小学数学教学》报和《名师在线》杂志特约编辑。多次做"数字化数学资源开发""数学教学中的微视频应用"等学术分享，在首届全国"情感—交往"型课堂展示活动中获特等奖，辅导学生多次在国家级、市级竞赛中获奖，并获得"金牌教练员"称号。

当前，价值观教育备受重视，情感发展与价值观形成之间有着密不可分的关系，情感对价值观的形成具有重要意义。情感最直接、真实地表达其与人的社会性联结，这一联结从胎儿开始，发展到联系感的出现与强化。人类有超历史的伦理公理，这一公理被世代种系遗传及文化进化所证实，这可以从文化人类学和教育人类学中得到证实。情感表达着需求、愿望、喜好、趣味，人的价值倾向就蕴含其中，尤其是一些基础价值，如生存、健康、幸福、自尊、被人尊重、美感体验、实现自由、生活的意义感等。我们作为教师，不应该为了教知识而教知识，为了应试升学而无视人的感性层面和情绪状况，忽略将情感作为人的发展目标，更应承担着利用情感交流培养学生正确价值观的重要任务。

课堂教学是师生共同从事的一项活动，其中充满着教师和学生之间的情感。积极的、有导向性的情感能够培养学生良好的个性和其他良好的心理品质，能调动学生参与学习的积极性和主动性，形成师生之间的良好互动。课堂教学中良好的情感氛围是课堂教学活动这一过程顺利进行的润滑剂。

在参加朱小蔓教授主持的"教师情感表达与师生关系构建"项目的活动中，我有机会开设了几次公开课，并进行了相关的教学探讨。这样的研讨使我更有意识地从理解、激发学生情感的角度进行数学教学，并且帮助我更加明确地意识到，数学教学中的思维引导，并不只是客观理性的逻辑推算，更是充满着情感的共鸣和思维的乐趣。我想以一节几何习题课为例来试做说明。

（一）激发兴趣，导入诱情

"情境"指与数学学科内容相适应的具体场景或氛围。学生的情感总是在一定的情境中产生的，因此数学教师可以借助数学本质与规律性的问题进行导入，创设具有挑战性但又容易解决的教学情境，让他们在一节课开始时便可以直接感受数学的逻辑魅力，激发他们的兴趣。[①] 例如，我在参与朱小蔓教授主持的"教师情感表达与师生关系构建"的项目中的一节几何习题课的引入中，把数学的本质问题以问题串的形式呈现，激发了学生的思维兴趣。

问题 1. 几何主要是研究什么的？

答：形状，大小，位置关系，其中图形的位置与数量存在着密不可分的关系，在图形中位置特殊，图形中就存在一定的数量关系。

问题 2. 线段 AB 上有多少个点？你认为哪个点的位置比较特殊？

$A \bullet\!\!-\!\!-\!\!-\!\!-\!\!-\!\!-\!\!-\!\!-\!\! \bullet B$

问题 3. 过线段 AB 中点的直线有多少条？你认为哪条直线的位置更特殊？你又能想到什么呢？

垂直平分线上的点到线段两个端点的距离相等。（现场利用几何画板补全图形）

① 万艳莹：《新课改下信息技术与初中数学教学的融合》，载《新课程（中学）》，2016(9)，11—12 页。

在中学数学教学活动中，教师首先应使用准确与生动的语言进行描述。在精巧、包含情感的开场设计中，可用最短的时间将学生带入到情感中。通过转述本学科的简单知识，把数学本质穿插在数学课的引入中，有利于学生在学习的过程中根据自己的经验进行创设。

（二）推动理解，以问促情

数学教师创设数学情境，就是在讲授过程中把问题巧妙地隐含在富有启发性的具体情境中，让学生在听讲的同时，有思考、分析和研究问题的余地，学生在思索中求理解、消化中求巩固，在发展思维中实现认识上的飞跃和感情的激发，并逐步得到升华——从情绪到情感，最后再上升到情操和意志。如，在上个例子中，当提完问题3，并补全图形后，可及时进行追问：

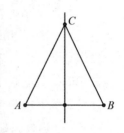

1. 为什么相等呢？（全等）

2. 我改变点的位置，为什么还相等呢？（因为全等的关系没有改变）

3. 我改变点的位置，观察图形中什么发生了变化，什么没有发生变化。

教师此时引出课题：

"这个图形背景比较简单，我们下面看一个比较复杂的例子，再感悟一下运动变化过程中的不变关系的应用。"

这样的教学活动会根据学生阅历与知识结构的不同而改变。在此刻，通过教师转述背景材料，补充相关知识，促使学生对内容有一定的认识，随后就可在情感上产生共鸣。事实上，教师在提问的时候，声音也是一种非常有效的手段。在提出问题的时候，教师应把握文字中含有的情感，保持适当的语速、音量，准确、生动而又清晰地将节奏感与音韵美通过语言表达出来，促使学生在这样的情感中产生联想，从而进入数学思维的情境中。学生在这个引入过程中兴致盎然，觉得数学很有意思。

（三）深入体悟，探究含情

利用多媒体帮助学生形成生动形象的认知。在我国科学技术高速发展的大背景下，现代化的教育方法和手段得到了越来越广泛的运用，同时，也给中学数学教学注入了新鲜的血液，带来了无尽的动力。

例如，在讲解"轴对称"这部分内容时，我就利用信息技术在网络上搜集了一些著名的建筑，然后在课堂上播放。有故宫、天坛、埃菲尔铁塔、泰姬陵、摩天轮等具有对称性的建筑，学生看到这么壮观美丽的建筑，都十分惊叹。然后我以中国的传统文化剪纸和脸谱为例，引导学生学习这部分内容。通过对这些真实事物的研究与分析，学生不仅学到了数学知识，还提高了审美能力，使其认识到了数学学习的趣味与意义，从而为学生今后的学习奠定了良好的基础。

再如下面的例子。

例：在等边△ABC中，点D是AB边上任意一点，在射线BC上截取BE＝AD，连接CD、AE，直线CD、AE相交于点F。

（1）如图，猜想∠CFE的度数，并说明理由。

（2）当点D在射线AB上时，依据题意请画出图形，猜想∠CFE的度数，并说明理由。

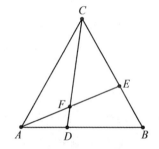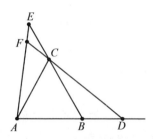

在上面的例题的讲解过程中，为了让学生对"任意一点"有更加生动形象的认知，教师全面地运用多媒体和数学软件几何画板，与学生进行如下的交流。

教师第一次拖动点D进行运动，学生观察图形的变化，学生可以看到当点D的位置发生变化时，图形在发生变化，△CAD与△ABE的形状会随之变化，让学生从直观上感受图形的变化。

教师再次拖动点D运动到其他位置，教师提出问题，"△CAD与△ABE的形状变化了吗"，学生可以很轻松地看到并回答，"△CAD与△ABE的形状会随着点D的运动发生变化"。

教师第三次拖动点D运动到其他位置，最终提出核心的问题："在点D运动过程中，虽然△CAD与△ABE的形状变化了，但是这个过程中什么没有发生变化？"

在这个交流的过程中，教师全面地运用多媒体和数学软件几何画板，让学生对"任意一点"有更加生动形象的认知。初中数学教师在课堂教学的过程

32

中，应该利用多媒体把抽象的问题直观化，并提出有价值的问题，让学生充分体会图形变化过程中的不变关系，更好地实施和实现情感教育，提高教学的有效性和质量。

因此中学数学教师运用情感教育实施教学的过程中，应该充分地发挥多媒体这一现代化教学手段的优势，激发学生的学习兴趣，促进学生积极情感的产生，让学生更好地对教学内容和所蕴含的情感有更加全面的掌握和理解，从而让学生获得更加丰富的情感体验，帮助学生形成生动形象的认知。

（四）内化所得，拓展言情

初中数学教学中具有许多显性的情感教育资源，数学教师在课堂教学时应结合大纲、教材、学生和自身等方面，深入挖掘教材内容中的情感因素，充分利用数学教材资源。通过对数学教材有效地开发与利用，启发学生学习数学的情感。具体可以从两个方面采取措施：一方面，数学教师应注意选用含有情感态度内容的例题，通过学习情感动机，激发学生的积极情感；另一方面，在对教材教学内容、手段和方法的运用中，可以通过创设教学情境来启发学生的情感。

例如，在讲解"相交线"这一节内容时，学生经常会被各个角难住，尤其是同位角、内错角与同旁内角，很多学生都分不清楚。于是我在教学时，就将微课的教学模式与多媒体教学进行了融合，为学生录制了一个教学视频。在视频中，有两条直线被第三条直线所截，形成了8个角，这8个角都是动态变化着的，并且它们会主动说出自己与另外几个角的关系，以便学生在直观的视频观看中理解这几个角的概念。通过采用这样的形式进行教学，学生学习的积极性有了极大的提高，他们的头脑中也会逐渐浮现出各个角的位置与关系，进而大大提高了教学效果，提高了学生的学习质量。

适时地引入视频、幻灯片、课件等，以先进的教学方法和手段，为学生生动形象地展示数学教学内容，激发学生积极的情感，可以使学生找到学习数学成功的乐趣，达到培养学生情感的目的。

数学课堂应创设一种纯净的学习氛围，兼顾到每一个学生，数学课上带领学生探索数学、研究数学，让学生了解数学的本质，让学生有一个基本的数学观，同时在体现数学的美、数学的简约、数学的本质的过程中进行师生之间的情感交流，在师生之间真诚的情感交流过程中建立和谐课堂，从而达到"随风潜入夜，润物细无声"的教学效果。

三、和学生作伴的语文教学

熊 伟

熊伟，博士，北京中学语文教师，中学语文一级
教师，朝阳区骨干教师。从教六年，关注情感教育的
力量，用心和学生沟通交流，得到学生们的喜欢。致
力于营造学生喜欢的课堂环境，开展各项课堂活动，
关注课堂效率，旨在让学生有所得。从教期间，积极
参与各教学设计大赛，积极撰写专业论文，曾在第一
届青年教师教学基本功展评活动中获青年教师组一等
奖，课题"《水浒传》阅读活动方案"获首都原创资源大
赛一等奖。论文《"主问题"设计优化语文课堂——以〈皇帝的新装〉为例》，在
第三届"师成长杯"征文评选活动中，荣获一等奖。《"朗读＋赏析"探索有效的
初中语文教学》发表于《语文教学与研究》2018 年 1 月刊。参与两个"十二五"教
育部规划课题，均已结题。

我是一名中学语文老师，我喜欢用文字记录和学生及同行的故事。语文
老师最大的优势就是有诗意，情感饱满地诵读诗文、文采飞扬地点评文章、
组织饶有趣味的语文活动……每一个活动都能拉近和学生的距离，增强和学
生的有效沟通。我发挥自己的优势，从与学生初识开始主动与学生真诚地对
话，感受并理解学生对语文学习的情感指向，保护学生的学习兴趣，积极开
展师生互动，搭建沟通平台，使其在有情感的师生交流中感受学习的快乐，
最终优化语文课堂的效率，营造和谐课堂。

（一）初识：**精彩的自我介绍**

初次和学生见面的时候，我不是学生们入校后的第一位语文老师，我是
在他们八年级的时候才接下这个班的。学生们对好老师有自己的想法，对以

前教过自己的老师还有着依恋，所以刚进入这个班的时候，我像个外来入侵者，他们带着各种防备在审视我、试探我，我明显感觉到与他们之间有距离。这份距离感让我拘谨窘迫，我的学生想必也一样吧。

两次常规课之后，我和学生谈起了最近很火的一部电影《你的名字》，学生没有想到我会开启这个话题，他们滔滔不绝、畅所欲言，我发现他们就像电影中的高中生一样，有梦想、有活力。总结的时候我鼓励了大家，希望大家每天不是被闹钟叫醒，而是被自己的梦想叫醒。在实现梦想的道路上不是你孤独前行，我们有缘在此时此地相遇，我就会伴你前行。可是要成为队友，请原谅我刚刚入队，有必要让我们互相认识一下，于是我开展了"我的名字"的活动。让大家写一段介绍词介绍自己。我自己做了一个示范，展示了一段文言文版的自我介绍，当时我明显感觉到学生的眼睛里有了信任和佩服的神情。当时在课堂上就有学生从我的自我介绍中发现了我的爱好和年龄，学生们一下就觉得和我的距离近了，后来他们给我取了个昵称，很长一段时间喊我"熊姐"。我的这一举措实则是语文课上的"蹲下"，友好地邀请学生认识我、了解我，为我关注他们打下了良好的基础。

我告诉大家可以仿照我的示例写文言版的自我介绍，也可以自己创造谜语版、诗歌版、对联版等。我适时鼓励大家"你们的前任语文老师特意告诉我大家很有才华"。学生们个个摩拳擦掌，兴致勃勃，第二天交来的自我介绍让我感到惊艳。有名学生名叫帅婷，她写了对联式的介绍"外有亭亭玉立之貌，内有果断统帅之才"。她还主动自荐当语文科代表，事实证明她确实有统帅之能。另有一名学生名叫梓明，他写了谜语式的介绍"一水一木日月精华"，我在课上让学生猜是班里的谁，待揭晓答案时，学生们直呼谜语有趣。还有一名小个子女生名叫博睿，她写的是大气的诗歌式介绍"薛门望族，喜获千金，博学睿智，不输男儿"。我给她的评价是"小小的你有大大的情怀"，课后这名学生特意留下来和我说："老师你懂我!"我感受到了她的信任，一直以来她也热爱着语文。

每个学生的名字都是独特的，都有自己的故事，这个活动让我深度认识了我的学生，也让学生对这样的语文感兴趣。后来，我把大家的名字介绍整理了文档《我们的名字》，写了一段话，发了朋友圈，"新学期从认识你开始，认识你们从听见你们的名字开始，一见如故就是这种感觉"。很多学生、家长和同事纷纷为我点赞。"一见如故"开启了我和学生亦师亦友的良好沟通。很久之后，在学生的作文中还提到这次的活动，有学生说："这样别开生面的自我介绍让我耳目一新，明显感觉和老师、同学的关系近了，我喜欢这样的同路人。"也有学生在朋友圈的签名档里放着自我介绍的金句，还有学生开启了文言文写作的尝试。这样的师生互动对学生的语文学习有积极的影响。

（二）相处：搭建桥梁积极沟通

在语文课堂上，我坚持营造尊重和信任的课堂氛围，赢得了学生的接纳与喜爱。尊重是指尊重学生的观点，我从不轻易否定学生的观点。八年级的学生正是塑造独立人格、个性的时候，他们对这个世界、对文学作品里的世界的认知，是由自己积累的知识形成的，他们并非白纸一张。我要做的是无论他们的自我世界构造得如何，不随意评价、不轻易否定，而是采取理解、肯定、鼓励的方式与他们进行沟通。尽量全面地了解他们形成这种认知的原因，多加理解，如若他们的认知世界偏离常规世界太远，甚至是负面的，我需要尽力引导他们步入正轨。

比如，我在给学生讲解陶渊明专题的时候，结合教材中的陶渊明诗歌和文章，以及推荐学生阅读的对陶渊明的评价文章，让学生写一篇小文章《我眼中的陶渊明》。班里有同学正面评价陶渊明不与世俗同流合污，敢于脱下官服当农夫，欣赏他不为五斗米折腰的气节。也有同学评价陶渊明的为官之道，认为他不懂变通，不会曲线救国，有治国之才却消极逃避。这两种不同的评价体现出学生们进行了思考，我鼓励、认可了学生们多角度的思考和评价。抓住这个机会，我们在课堂上对这两种评价展开讨论。有同学引经据典，结合陶渊明的《五柳先生传》讲读他的身世经历，赞赏他辞官隐退的勇气，欣赏他回归田园的直率和坦诚，理解他独善其身的做法。但也有同学反驳陶渊明因为自己嗜酒误事，不能融于当时的官场，他有文采、有想法，却不作为，这种逃避遁世的做法不是一个为百姓着想的好官。我也积极地参与到讨论中，向学生们提出了我的疑问：大家心中的陶渊明是一位伟大的诗人还是一位政治家？大家一致认为他是一位伟大的诗人。我表达了我的观点，评价历史人物要选准角度，理清思路。我们从文学史的角度评价，他是田园诗的开山鼻祖，他的田园诗不光记录田园风光，还有对现实世界的批判，这也让他的诗作意蕴丰富，这是值得肯定的。从这一点来说，学生们在讨论中是有共识的。

至于学生们讨论的分歧点，我引导学生们知人论世，了解社会背景和诗人的精神。学生们课上探讨封建社会文人如何走上仕途的问题，他们结合历史文化知识发现，在"学而优则仕"的封建社会，"穷则独善其身，达则兼济天下"是封建文人的行事准则，当一位读书人寒窗苦读好不容易当上朝廷命官，有机会实现自己的政治理想时，毅然脱下官服隐居山林是需要勇气的。我适时让学生联想历代文人中有没有像陶渊明这样不为当时官场所容的文人任官，学生说出很多例子，比如刘禹锡、李白、苏轼、杜甫……学生们在讨论他们的诗文时，更多的是在回顾他们的经历。他们是一群喜欢历史的学生，文史哲本就不分家，我支持学生们的兴趣爱好，并让学生在述说历史故事时体会这种报贫守志、处危不屈、安贫乐道、积极进取的精神，这是中国传统文化中最宝贵的精神财富。陶渊明教会我们宁静致远，教会我们乐观豁达，我们对此应该表达敬意。

这是一次语文课堂上的文学与历史的跨学科交流，学生说喜欢这种有历史氛围的语文课。我努力在课堂上给学生搭建发言平台，让他们能就某一个话题畅所欲言、各抒己见。我作为老师，也充当着讨论者的角色，这里没有权威的正确观点，很多结论都是学生们通过讨论得出的。这堂课学生讨论得很畅快，交流得也很深入。课后有一位原来对陶渊明评价不高的学生在写对陶渊明的评价时说："我不能要求一个经济学家会写意蕴丰富的诗文，就像我不能要求会写诗文的陶渊明当好我给他设定的那个官职。陶渊明敢于脱下官服隐居田园，这份勇气我是欣赏的，他的诗文中的干净纯粹也是我喜欢的。"很朴实的评价，但是很中肯，也很客观。通过这次的讨论课，我认为他读懂了陶渊明。

（三）送别：作为礼物的学期评语

在日常的教学过程中，我会建立学生的学习档案，记录学生们在学习过程中的小细节。在学期末的时候，用心地给每位学生写评语。我的评语从日常小事开始，学生看到会感到很惊喜，他们会觉得几个月前的事老师还记得，充分感受到老师对他的重视。我还会充分发挥语文老师的优势，在评语中插入自创诗、对联，给评语增添文采，我必须做到每个学期每个学生的评语不重复。在评语中充分肯定学生们一个学期以来的学习成绩，细细述说着种种收获，同时也提出殷切希望。我常常把这份评语当作学期末的礼物送给大家。

我给一名很爱美的姑娘写的评语是这样的：

人如其名，你是一位爱美、爱生活的姑娘。你的字娟秀端庄，你的思维导图结构清晰，你的发言准确犀利，你设计的腰封评价到位、制作精良，你创作的文章富有想象力、描写细腻，我发现美在你那儿无处不在。我坚信爱美的姑娘一定爱文学，因为文学世界处处都是美。你有很强的学习能力，很高效的学习方法，很独到的学习见解，这都是你把学习文学中的美展示出来的最好途径。你感叹辛弃疾"平沙走马笔存风，命运多舛词赋兴"；你评价欧·亨利是"历史上最会讲故事的人"；你分享《论语》角度新颖，阐述"仁之礼""孝中礼""和中礼"，总结出金句"人有了礼就会气自华，国有了礼就会力自强"。你的语言让我看到了另一种美，是你散发出来的美，一种无与伦比的内蕴美。你单名一个"锦"字，锦者，华也，韧也，外可涵养厚德，内可坚韧不拔。希望你内外兼修，前程似锦！

这位女孩本身很有才华，确实也很爱美，我在评语中认同她爱美、爱生活都是很积极的生活态度，同时也强调要提升自我的内蕴美。

我给一名爱摄影的男孩写的评语是这样的：

帅气阳光的大男孩，喜欢拍照，善于用镜头记录生活瞬间，长于用笔书写细腻感受。你热爱生活，有发现美的眼睛，这样的男孩对文学有天生的亲近感，学好语文你有天然优势。在语文学习方面你也确实有你的长处，你对文学作品的欣赏点评有独特的见解。你能从欧亨利作品中敏锐地发现人性之本、世界之真，一语道出精妙；你读《论语》、阅《三国》、赏《朝花》都很有阅读心得；你惋惜辛弃疾"可惜世间没英雄"，就像在惋惜知己好友；你细腻描绘松树，读出它不屈不挠坚守本心的品格；你用语言勾画北京的夜色，就像唱出一首婉转的曲子。凡是你用笔写出的文字，都是饱含感情的、有你风格的、独一无二的作品，我看到了你独特的情怀。不要停下脚步，继续做你喜欢做的事情。同时请戒骄戒躁，勤自省、勤反思，保持良好的学习品质和学习状态，在文学和历史的海洋中汲取营养、润泽生命，让自己成长为一位广泛阅读、胸怀宽广、思想开放的绅士！

这是一位喜欢拍照的男孩，其实他很有思想，读书不少，写文章尤其好，但有时会偷懒。我鼓励他戒骄戒躁，广泛阅读，才能使胸怀宽广，思想开放。

这样的评语学生们很喜欢，在最后的语文课上指导学生写人记事的作文时，要求大家抓住细节写出人物特点，我就用了评语的写法。征求学生同意后，我把这样的评语在班里念，于是这次作文指导课就命名为"我眼中的你，说给你听"。当学生听到这样的评语时很惊讶。我问大家这个评语符不符合同学的特点，大家表示符合，但好像比本人要好一些。我问大家好在哪里？是

38

老师夸大优点、缩小缺点了吗？学生说是老师的语言表达得好，显得被评价的学生好。我说："老师的语言只是外壳，真正的内核是对你们每个人了解的深入和喜爱的情感，你们在写人记事的文章时，也一样要选一个印象深刻、有情感牵绊的人物来写才能感人。有了丰富的情感，好的语言自然就来到你的笔端。"没有想到的是，不少学生给我写了学期寄语，写出了我们在课堂上的各种互动，写出了对语文课的喜爱，也写出了对我这个语文老师的不舍，让我非常感动。有学生说："最喜欢看作文评语，老师认真地给出修改意见，对我很有帮助。"也有学生说："最期待每个学期熊老师的学科评语，娓娓道来，很是亲切。"家长们也纷纷表示感激。有家长给我留言说："学生看到评语都感动哭了，说这是他遇到的最好的语文老师。"有家长说"这是学期末送给学生最美的礼物"，也有家长说"感谢老师用心地对学生细微观察，准确评价，对学生的赞美和鼓励，句句真情。通过学期评语和学生们做了更深入的互动交流，深深感觉到语文课、语文老师对他们的影响很正面、很积极，我很欣慰"。

一学年很快就过去了，从初识开始，我努力走进学生的内心世界，通过语文课堂，给学生们搭建沟通桥梁，设计各种学科活动，实际上是在师生互动中加深理解，根据学生们的交流反馈，了解他们的情感指向，培养他们的学习兴趣，这样有情感的师生交流切实优化了我的语文课堂。

四、角落里也要有春天——在教学中关注每一个学生

全洪姝

全洪姝，语文高级教师，区级学科带头人。做过全国"十二五"课题子课题的负责人，参加的市级课题被评为优秀课题。在教育部主办的活动中做展示课"让解说词更具吸引力"。做过市级研究课"词的鉴赏"。多次在全区双研会中发言，并多次承担区级公开课和教材分析  的任务。多篇论文获得国家、市、区级奖项。有两篇论文在《语文教学与研究》上发表。参与过部编版语文教材的教参和同步作文的编写，两次编写《全国中考语文试题研究报告》。

做了二十多年的教师，自以为在教学和管理上的经验很丰富了，但是，一节"从百草园到三味书屋"的展示课，却让我意识到，自己的课堂观察仍不够细致和全面。

那节展示课，是针对朱小蔓教授领衔的"教师情感表达与师生关系构建"的课题开设的。课后，项目组成员针对项目主题进行评课时，一位评课的老师注意到一个细节：班里的一位男同学在和小组成员共同讨论本组成员的思维导图时，捂着自己的思维导图不让其他小组成员看，说自己做得不好。他在语文学习上显得很不自信。老师在观察课堂的过程中并没有注意到这一点。在后面的思维导图展示环节，老师对这位同学的发言也没做点评。

听了这位老师的评课，根据她描述的学生特征，我确认了这位课上被我忽视的学生的名字。他确实在课上很少表现自己，久而久之，我也就忽视了对他的关注。可是静心细思，我发现在语文课上被我忽视的学生，不止他一

个。在课堂上，老师既要组织教学内容，还要及时点评学生的发言；既要根据课堂实际调整本节课的教学计划，还要思索下一个环节怎样才能更好地激发出学生的学习热情。所以，想要关注到课堂上的每一个角落、每一个学生几乎是不可能的，而课堂上活跃的学生容易吸引老师的眼球，成了我提问和关注的对象。那些不爱表现的学生就成了被我遗忘的"角落"。但是身为教师，我非常清楚，不被关注的学生久而久之就会成绩下降或产生心理问题，我能单以他们不爱表现、无法引起我的注意做借口，从而顺理成章地忽视他们吗？上面那位评课老师的点评无疑给了我当头一棒，让我意识到：我在语文课堂中与学生的交流存在死角，我要反省自己，重视那些不爱表现的学生，让课堂的"角落"里也有"春天"。

审视自己的不足后，我开始翻阅有关情感教育的文章，在朱小蔓教授的论文《"教师教育"要俯下身来看见学生》中，我发现这样一段文字："在课堂上，在每一次教学活动中，在每一次与学生的交往中，都要逐步培育教师的敏感度，洞察事物的敏感性，培育和锻炼教师反思自己的能力和洞察能力。"①我的敏感度和洞察力都还不够，但是正视自己，反思自我的勇气还在。经过深思，我发现最容易成为课堂上被忽视的"角落"里的学生，有以下特点。

第一，不自信。

这类学生，要么有着极强的自尊心，对自己的要求过高，担心自己的作业完成情况或课上表现不够好，所以害怕发言；要么是被过多批评或指责，产生了自卑心理，变得胆怯、羞涩、孤僻。

第二，不听讲。

这类学生，有的属于接受能力强、思维敏捷的类型，课上一听就会，老师讲课的内容激发不起他们的兴趣，他们也就懒得听也懒得表现。有的则属于学习注意力不集中，听讲状态差，思想游离于课堂之外的类型，他们沉浸在自我的精神世界里，课上发生的一切与他们无关。

第三，不合群。

这类学生的表现在某些方面异于周围同学，不能与其他同学同步成长，被其他同学所排斥或疏远，无法与其合作，在课上没有机会表现。例如，我所教的班级有一位女生，说话声音极小，即使在入学大会上做自我介绍时，

---

① 朱小蔓：《"教师教育"要俯下身来看见学生》，载《中国教师报》，2015—03—11(013)。

对准话筒说话，会场里的同学依然听不到她的声音。虽然同学们很尊重她，在她发言时会屏息凝气，但是她发完言，老师让其他同学点评时，其他同学会说听不见她说了什么。久而久之，课上合作或活动分组，同学都不愿与她一组，老师也就很少提问她了。

分析完学生的特点，我不禁思考：如何加强与这些同学的情感交流，在课堂上多关注他们，给他们创造表现自己的机会，让他们也能感受到老师春天般的温暖，从而提高他们学习的积极性呢？我试着从以下几个方面提升自己，让"角落"里也有"春天"。

（一）精心备课

1. 让课堂氛围轻松一些

心理学研究表明，人在精神放松、心情愉快时，其视觉、味觉、听觉格外灵敏，思维特别活跃，并能给行动带来自信。① 要想让课堂氛围轻松，首先要在课堂语言上下功夫。夸美纽斯说过："一个能够动听地、明晰地教学的教师，他的声音便像油一样浸入学生的心里，把知识一起带进去。"② 苏霍姆林斯基在《给教师的建议》中曾指出："教师的语言修养，在极大程度上决定着学生在课堂上的脑力劳动的效率。"③ 教师的语言是教师把人格魅力注入活的语言，教师蕴含在语言之中的情感表达本身就是一门艺术。于是，我开始有意识地翻看一些笑话、听相声，留心网络上新的语言，在课前充分准备，努力让自己幽默起来，让课堂语言"新潮"起来，营造轻松的课堂氛围，打消某些不够自信的同学的顾虑，吸引更多同学在笑声中，投入课堂听讲并参与到课上发言中。

2. 让课堂展示多样一些

学生思维千差万别，他们喜欢的教学形式也不尽相同，教师要真正地以学生为本，站在学生的思维、情感角度去设计、实施自己的教学，才能让自己的生命与学生们的生命一起"自由呼吸，共同律动"，为学生打造出心灵的春天。所以，我在设计课堂展示环节时力求多样。除了回答问题，适当利用朗诵、表演、辩论、演讲等形式。对于学生的展示，我会及时点评，点评以

---

① 王萍、朱爱梅：《谈如何培养学生自信》，载《中小学教师培训》，2002(8)，60—60 页。
② 夸美纽斯：《大教学论》，北京：人民教育出版社，1979，244 页。
③ 苏霍姆林斯基：《给教师的建议》，北京：教育科学出版社，2011，421 页。

鼓励表扬为主，增强学生的自信；对于学生的缺点，会有针对性地提出改进的方法。对于那些自尊心强的同学，有时会在课下单独指出其需要改进的地方，保护他们的自尊心。

3. 让作业形式丰富一些

教育不能"一刀切"，不同的学生，有着不同的特点及特长。学生有的擅长文字表达，有的擅长语言表达，有的擅长绘画，有的擅长视频制作……我在布置作业时，除了文字，还增加了朗诵、绘画、视频制作等方面的作业。比如，让学生用录音软件录制一首诗的赏析，在课前展示时放给同学们听；让学生将《三国演义》中的某个成语故事绘制成连环画；以《水浒传》中108将中的某个人物为主题，制作书签；图文并茂地创作一份对鲁达的通缉令；为自己喜欢的某一景点制作视频并配以解说词……多样的作业形式，为学生展示自己的特长提供了空间。我还及时记录学生作业中的优点，在课上适时表扬，并对受表扬的学生再做记录，争取一个星期之中每名同学都至少表扬一次。

（二）委以重任

班里一位叫佳宜的同学，热爱生活，脸上总是洋溢着甜甜的笑容，但是一到语文课上，就格外沉静，作业也有较多的错误。跟其家长沟通后，我发现她理科思维突出，但进行文科学习时有些困难。我留心观察，发现她非常细心，总会给班里同学制造一些惊喜和温暖。比如，她在开学初，给每位女同学都送了一个自己缝制的坐垫；元旦前一天，等同学们离开学校后，她悄悄在同学们的桌上贴上有祝福语的小纸条。发现了佳宜爱劳动、肯付出这个优点后，我就让她帮我收作业，检查同学们作业的内容是否齐全，并在当天的课堂上让她对上交作业的情况进行总结。因为要检查同学的作业，所以她对自己作业的质量也很重视。随着我们交流的增加，我发现她在语文积累上存在很大的欠缺，于是我提醒她要多读书，有意识地积累词句，这样才能做到准确表达。对于她作业中的问题，我也会及时指导，并教给她解答的方法。

对不爱表现、畏惧语文的学生委以重任，学生的荣誉感和责任感就会相应增强，对待学习的重视度也会提高，加上老师及时而又有针对性的指导，学生在课上的表现也就逐渐积极大胆起来。

（三）心灵对话

"角落"里的学生，内心往往更敏感，我除了提醒自己多观察他们的优点，课上多表扬他们之外，还会利用作业批改的机会或者期末写评语的机会，与他们进行心灵上的对话。如我前面提到的那个捂着自己的思维导图不让小组其他成员看的同学，我在对他评价时写道："元博的诗歌越写越有韵味。本学期在整理学生创作的诗歌时，搜集到元博写泰山和老腔的两首诗，诗歌用词古雅大气，如'灰砖雕画饰楼台，古朴弓弦奏曲拍。战乱绵延宁日去，激昂不唱吼开来'中，'灰砖雕画''弓弦''曲拍'等词，古诗中常见，你把它们组合到一起，古韵十足。再如'吼'字，形象地传达出了老腔的气势，写出了老腔的唱法。你的诗歌，总是越琢磨越有味。人的潜能是一座无法估量的丰富矿藏，老师看到了你因付出和坚持而开发出的潜能和收获到的硕果，坚持下去，希望你在诗歌创作上越来越出色。你性格内敛，在课堂展示中，不是太爱表现自己，所以，给老师的感觉是'默默做好自己，让别人热闹去吧'。不过，这学期，《隆中对》的翻译及拓展、《论语》中对'礼'的整合，都完成得不错。《水浒传》小册子中的摘抄赏析，也连续得到了好成绩。文字有功底，书面表达必然出色。希望在口头表达上也多用心，不断提升自己。"我把这段评价通过微信发送给他，第二天，我看到他上课时听讲认真了许多，还主动举手发言一次。

如果观察到学生的优点却不让他知道，是无法触动学生的心灵的。用文字的形式与学生进行心灵的对话，有两点好处：一是他们可以多次翻看，自我鼓励；二是给不善于口头表达的学生，提供了一个文字交流的范例，这种形式可以启迪那些善于书面表达的学生，也可以通过这种无声的方式与老师交流，形成互动，增强了解，消除隔阂或自卑。

（四）提供平台

在马斯洛的需要层次理论中，人类高层次的心理需要是"自我实现"。要想让学生在语文学习中达到"自我实现"，就需要给学生提供更多、更高的平台，对于"角落"里的学生更应如此。

前面提到的那位说话不出声的女生，她的写作水平非常高，于是每次有作文大赛的机会，我都提醒她参加。在一个全国级别的征文比赛中，她的诗歌《大自然的声音》获得了一等奖。自此，只要是老师布置的作文，她总是前三个上交，而且还在学校的官微中积极投稿。更让我惊讶的是，班级田径赛，她竟然也报名参加，赢得了同学们的喝彩。我欣喜之余，为她悄悄写下："你若盛开，蝴蝶自来"。

对于中学生而言，简单的安慰不足以触动他们的内心世界。用心发现学

43

生的优点，为学生提供更好的平台，激发出他们的积极性，唤起他们的自我愿望，让他们重新认同自我，既可以让他们逐渐消除自卑，建立自信，还可以带动他们在学习之外的领域有所表现和创造。

刘胡权在《提升教师的情感素质》中写道："教师的专业成长与情感素质，是需要教师从'内在'发力的。"教师要学会反思，"在教育教学实践中逐渐培养自己的情感自觉或对情感的敏感性，能够识别并恰当应对，包括观察、共情、移情、倾听、缄默，鼓励学生维持正面、积极的情感，澄清、化解消极的情感困顿，包括较为机智、艺术地表达自己的情感，从而与学生建立关心、信任的情感交往关系"。

教师在从事教育教学的过程中，要俯下身来"看见"学生，我愿在今后的教学生涯中不断地反思自己，完善自己，做一个细心观察的老师，"看见"课堂里的每一位学生。

五、英语课堂"虚拟—现实"教学联动中情感教育的发挥

谢菲菲

谢菲菲，高级教师，朝阳区英语学科带头人，兼职教研员。2014年起参与中外教师团队教学项目，积累了丰富的英语教学经验；2017年被聘为北京市外籍教师参与中小学英语教学改革评估与指导项目评估专家；2014年赴美国巴克教育研究院参加PBL培训，并于2016年受邀赴美参加TE-SOL国际研讨会，做基于"项目式英语教学"主题发言；2018年担任全国初中英语教师国培项目主题课程"英语多学科融合的运用"的主讲教师，将项目教学心得分享给更多的英语教师；2015年起参与"教师情感表达与师生关系建构"项目，多次做项目展示课并作为骨干教师参与项目工作坊、论坛等活动。在教学中关注学生学习方式变革与创新思维培养，曾参加北京市基础教育在线教育体系英语学科的开发工作并做多节国培展示课；所撰写的多篇论文刊登在《中国教师》《北京教育》等杂志上。

（一）引子

1. 对自己的第一问

作为一名语言学科的教师，我认为英语学习靠的是长期积累，很难一蹴而就。而要形成这种量的积累，英语环境和兴趣就显得非常重要。我校的学生很幸福，在校内每天都有至少40分钟全英文的课堂环境。但是怎样让学生保持对英语学习的热情？我一直在问自己这个问题。

2. 对自己的第二问

现在互联网技术蓬勃发展，有这样一代人也伴随其发展而成长，他们就是我们的学生"00后"，他们是网络时代的"原住民"。每一种社会化的信息媒

体的出现都会对教育产生重大的影响，网络教育不再是一个陌生的词汇。但是，不少网络教育的弊端也引发了大家的讨论。比如，缺乏传统教育的情感影响力，人机关系枯燥被动，缺少人与人之间的交流，等等。作为网络时代"移民"的我们，怎样有效地借助网络平台开展好教育活动，走进网络"原住民"的生活？这是我第的二个疑问。

3. 对自己的第三问

记得在大学读英语师范专业的时候，我学习的更多的是学科专业知识。毕业后，从不会教课到多次在全国的教学设计比赛中获奖、做经验分享发言等，那时候我认为"专业"上优秀并能把学生成绩教优秀的老师就是好老师。后来朱小蔓教授的"教师情感表达与师生关系构建"项目走进北京中学，开展了观课、评课活动。记得在我第一次研究课后，我满怀期待与自信地等待专家和老师们的点评。然而，专家并没有从教师专业素养的角度过多评价，而是从教师情感素养的角度给了我诸多建议。一个学期后，我做了第二次公开课。也许是我在课堂上加强了与学生情感互动，也许是朱教授看出了我的忐忑，课后，她微笑着对我说："谢老师，你这次上课很好，进步很大……"朱教授的眼神和话语让我意识到，积极的情感表达在"人与人"关系的构建上多么重要。于是我开始反思：到底什么样的老师才是一名真正的好老师？

（二）我和学生们因"配音"结下的美好情缘

1. 初尝试，成就配音小达人

一次偶然的机会，我发现了一款英语配音软件，带着试一试的想法配了一段音并且推荐给了学生。

最积极的莫过于 H 同学，她的粉丝已经超过 4 万人，配音作品超过 400 个，现在她被该平台选为英语教师，可以为其他英语学习者讲课。H 同学在看到我发配音后，每隔几天就会发给我一个她配音的视频，我会进行点评。最开始，在她的配音里很容易听到发音不准确的单词，一段时间后，我已挑不出任何一个发不准的单词，我开始关注她的语调、语流，又过了一段时间，那些都不是问题了，我便鼓励她，尝试不同的风格，比如，电影、演讲、纪录片、动画片等，体会视频里人物的角色，揣摩他们的心情。现在我每次都很期待欣赏到她新的配音作品。

这 400 余个配音作品背后所投入的精力与时间可想而知，这就是我希望学生们所拥有的英语学习热情。正如朱教授所说，如果学生有一个快乐的学习状态，这种快乐不是减轻负担后的快乐，而是热爱学习的快乐，爱学习、想学习的快乐，这样学生才会有更多的成就感。① 如果学生是在快乐地学习、投入积极情感状态地学习，学生就会不断地保持其学习动力，并不断地得到强化，就会增强他们的学习兴趣和欲望。我想，这就是我一直寻找的第一个问题的答案啊。

而我与 H 同学的话题也不仅仅局限于配音，慢慢地，我们的话题扩展到美剧、电影、展览、最近读的书，甚至还会聊到所谓"青春期的小秘密"。那段时间，我惊讶于学生竟然可以如此敞开她的心扉，我们竟可以如此无设防地交流，我就这么自然而然地走进了她的生活。她升入高中有两年了，虽然我不再是她的英语老师，但我们的交流并没有停止。最开心的是点开她隔不久就会发来的配音，听听熟悉的声音，聊聊我们彼此的状态……抬头看看办公室墙上挂着的她送给我的画作，我心里真的很幸福。

2. 感恩节，掀起配音热潮

2015 年 11 月，我想将配音活动扩大些，不仅仅只面向那些对英语有着自信、课后有学习主动性的学生们。

那一年的感恩节前，我给一段感恩节起源的视频配了音，感恩节前一天发到了我四个教学群里：研修一班、导修一班学生群，研修一班、导修一班学生家长群。② 一方面表达了对大家给予我工作支持的感谢，一方面鼓励大家一起尝试。第二天晚上，我先收到一位代表的配音，我转发到群里后，陆续收到二十来位学生配音的作品，很多学生不仅发来一个，不停发改进版让我进行点评。我当时兴奋得一遍遍不停地播放。

让我感到惊喜的是导修班的学生们，他们学习主动性没有研修班学生那么强，对于英语学习的兴趣也不是那么高，没想到这个配音活动很好地激发了他们的学习兴趣，下面我截取几段我和导修班学生们的交流记录。

C 同学发来一段配音。

我：非常不错，不过有一句话要是语速再快一点就好了。（咧嘴笑的表情图标）

---

① 朱小蔓：《"教师教育"要俯下身来看见学生》，载《中国教师报》，2015—03—11(013)。
② 北京中学研修班、导修班按照学生学习方式划分，研修班课上以学生讨论为主，导修班以教师引导为主。

C：（开心的表情图标）哪句啊？老师，求指点。

我：Rock……那句。

C：喔喔！

我：那句确实有点难，整体语流非常顺畅，第一次配成这样，相当厉害了，潜力大大的。那句话有难词还有连读，如果可以多练习几次，肯定非常棒。

C：（咧嘴笑的表情图标）我平时不敢说，在家里录不紧张。

隔了一会儿。

C：老师，其实我也参加过好多英语比赛的，所以其实我口语是不会差的。

我：就是，我就感觉你的潜能还没释放出来呢，下次比赛你可以试试呀。

C：（点头的表情图标）

Z同学发来一段配音。

Z：索菲亚（我的英文名），我拒绝您把我的作品发到朋友圈，您自己偷偷听就行了。（害羞捂脸表情图标）

我：我刚听了，你的声音非常好听，感觉跟英语女主播似的，你确定不想让我转发吗？

Z：（吃惊的表情图标）那您转吧，哈哈。（害羞捂脸表情图标）

Y同学发来一段配音。

我：你这段配音，发音超赞啊，元音饱满，连读、断句都恰到好处。

Y：哈，谢谢老师。

我：你相声说得好，我记得有一次你相声里很多段模仿，你都展示得惟妙惟肖，我敢肯定你模仿能力是非常突出的。

Y：老师过奖了～～

我：模仿能力强的人，语言学习非常占优势，非常喜欢你这段配音，继续加油哦！

Y：（开心的表情图标）

Y同学虽然每次表达的内容不多，但是后续配音制作了不少作品，其中不乏一些难度较高的，后来他还主动参加了我们年级举办的北京中学首届配音大赛，站在台上说英语时自信与流畅的他，给了我们一个惊喜。

让我更为兴奋的是那天之后学生们的反应，学生们在此款软件中互粉、互听、互点评，讨论彼此的配音经验，比如导修班的 S 同学，在同学们的鼓励下，他从不熟悉英语配音到 5 天的时间内完成了 34 段配音。除此而外，每天还有很多学生发配音给我让我点评。

我思考到底是什么调动起"原住民"的学习动机。是因为网络吗？可能有这方面的原因。但我认为更为重要的是因为教育活动没有止于配音，真诚的、平等的、积极的交流与情感参与起了很大的作用。虚拟的网络平台环境给那些缺乏自信、性格腼腆的学生提供了一个机会，让他们可以和老师、和同学彼此尊重，相互鼓励。借助于符号的载体，学生在其间更易体会与他人交流的快乐，消除了他们在现实学习生活中的学科不自信与孤独感，激发了他们的学习动机，使他们获得了积极的情感体验，进而促进人格的健康发展。我找到了第二个问题的答案，那就是在网络时代，教育的本质并没有变，受教育者对教育内容的情感需求，以及人际交往方面的情感需要没有变，媒介是虚拟的，但是情感是真实的。

3. 北京中学首届配音大赛，自信地站在舞台中央

我感受到了学生们英语学习的热情。于是，2015 年 12 月 30 日，我在所任教的年级举办了第一届北京中学英语配音大赛。学生们踊跃报名，经过海选和复赛，最终有 15 位选手参加了当日的决赛比拼。在大赛上，有的学生为纪录片配音，攻克了大量专业词汇的难关，语速、发音与原作品难分伯仲；有的学生为脱口秀配音，关注了配音者的身份，配音作品自然得体，与画面十分契合；有的学生甚至一人扮演多个角色，把握住了每个人物的特点，表演得惟妙惟肖。最难得的是，舞台上有近一半的选手是在之前英语考试中成绩并不突出的学生，这次配音大赛为学生们搭建了一个全新的英语表达与展示的平台。比赛的结尾，我们为每一位参与的选手都颁发了奖状，在奖状上写了我们最真诚的肯定与鼓励。

在那次大赛之后，我并没有刻意去留任何与配音相关的作业，但几乎80% 以上的学生都自发去做配音，经过几个月的积累，学生的语音、语调模仿能力得以提升，对英语文段的理解力也逐步增强。更让我欣慰的是，我看到了他们对英语学科的喜爱，自主学习能力的提升。同时，我还收获了一个他们送我的爱称"So 老娘"（因为我的英文名字是 Sophia）。在 2016 年 6 月的北京市英语中考中，学生们取得了非常好的成绩，平均分达到 116。

说完了我和学生们的配音故事，我先不回答最后一个问题，先说说我理

49

想中的教育互动时教师和学生应该是什么样的情感体验。朱教授曾经在我校的一次讲座中说道，"情感—交往"型课堂的教学环境中，教师应表现出尊重、关怀、耐心、宽容、欣赏、惬意等情绪情感体验和状态；学生应体验到安全、兴趣、热爱、信任、胜任、成就、自在的情感状态；在教和学的整个过程中，师生双方情感生命状态是稳定、积极、有趣、专注、生动、活泼、自由的情绪情感基调，学习环境是积极安宁的，学习氛围是兴致盎然的，教学中的具体的知识和方法技能已经融化于积极的情感态度与学习动机中。我想最后一个问题已经有答案了，有这样体验的老师应该就是优秀的，他（她）也应该是十分幸福的。

（三）未来可期

1. 释放学生的潜能，努力做个园丁

人本主义理论强调以完整的人作为研究对象，人的心理是由知、情、意、行4种过程构成的功能统一体，应把学生作为具有各种情感、潜藏着大量潜能的一个尚未完善的人。每位教师的职责就是释放每一个学生的潜能，重要的不是去教学生，而是给每一个学生学习的机会，找到服务于、满足于每一位学生需求的方式。作为英语学科的老师，应该努力找到每个学生心中的那个英语学习的火苗，给它氧气和空间，让其在学生心中熊熊燃起。不过我想任何一件事都不可能对所有学生起作用，一项活动能成就几个学生，能使几个学生对学科感兴趣就是收获。每个学生是不同的，教育最美的地方就是让可能性变成常态，我们这个时代能给学生最好的礼物，就是给他们一方花园，给他们养料和空间，我们只做园丁，让他们自由开放。

2. 让情感流动在校园中

学生们像花园中的花一样绽放了，那么教师呢？情感的互动是双向的，教师在这个过程中也将得到积极的情感体验，教师在课堂教学中的作用不仅是激发学生，更是通过建立良好的师生关系，享受胜任教学的喜悦与自信，体会教育生活的快乐与幸福，与学生共成长。所以，我希望北京中学的校园中永远都有情感的交流，永远都有亲近的依靠，因为它是我们生命中最充实、最美好的感受。

H 同学赠送画

学生升入高中后，在第一个教师节送的自制卡片

六、构建有情感温度的地理活动探究课堂

张树宏

张树宏，女，中学高级教师，地理特级教师。对中学地理活动教学有较为深入的研究与实践，其课堂教学遵循"从生活中来、到实践中去"，善于引导学生从经典案例中总结思路、掌握方法、学会学习。主持参研国家级课题"高中地理七环节学案导学教学模式的实验研究"，其研究成果获"国家级课题成果二等奖"。主持北京市课题"中学地理综合实践活动的设计研究"，多篇论文发表于《中学地理教学参考》《地理教学》等杂志。

活动探究法作为有效培养学生合作意识、学习能力、创新能力的课堂教学方式，深受广大中学教师的青睐。师生之间、生生之间积极的、正向的情感流动是推动课题探究的动力基础，是师生共创共生的活力源泉。而在传统的教育教学实践中，有关师生的情感、情绪在问题探究活动展开中的作用被轻视，使得课堂上的探究活动缺乏活力和生机。具体表现为学生对问题的思考缺乏深度、课堂缺乏智慧的生成、师生创造力不足等。在参与到朱小蔓教授主持的"教师情感表达与师生关系构建"项目的过程中，我深深地感觉到情感培育对于活动探究课堂的深入展开的重要性，体会到教师情感视角的加入带来的巨大的课堂改变。本文就以研学课题"宏村风水探究"的课堂活动设计与实施为案例，对如何通过课堂情感培育促进探究活动的深入开展做一次尝试。

（一）选择课题研究方向

在课题研究方向的选择上，关注师生的兴趣和研究专长，确保师生全情投入，共同构建积极正向的课堂情感场。

情感具有感染的特性和动力的功能。要使学生在探究活动中始终保持高度的热情,教师必须自己发出光和热,以饱满的情绪把各小组的积极情绪带动起来,师生思维共振,形成积极、正向的课堂情感场。这就要求教师有丰富的学科积淀和深厚的研究功底,在探究活动中才可能以自信和热情去影响、带动学生。

本节内容所选的研究课题为"宏村风水探究"。在此之前,教师曾徒步走过北京中轴线,阅读了大量有关北京中轴线"风水"的文章,对中国传统文化"风水"研究产生了浓厚的兴趣,并将"风水"知识与中学教材中"聚落的选址"知识做了有价值的对接,撰写了多篇论文。作为世界文化遗产的徽州古村落宏村,经风水师三次设计而成,是中国风水思想的外化。因此,研究宏村风水不仅是学生感兴趣的内容,也恰恰是教师本人的研究专长和兴趣所在。这为影响带动学生深入研究奠定了情感基础。如果教师对课题研究没有信心或不能全情投入,又怎么能让学生产生兴趣而深入探究呢?相反,如果教师自身对课题研究有信心有兴趣,一定会带着强烈的探究欲望去备课,设计出有新意的活动;而课堂上教师自然流露的信心和热情也会强烈地感染带动学生,促使学生和教师一道成为积极的探索者。

(二)设置教学情境

在教学情境的设置上,充分考虑学生的兴趣点,通过精选研究角度、巧设悬疑情境,引导学生在主动积极的思维和情感活动中体悟知识、发展能力和建构意义,享受问题解决的成就感,体会学科魅力。

清代教育学家王筠说:"人皆寻乐,谁肯寻苦?读书虽不如嬉戏乐,然书中得有乐趣,亦相从矣。"对于中学生来讲,动机和兴趣是促进其认知发展的源泉和动力,学生只有对学习对象产生强烈的情感共鸣和情感体验,最终才有可能完成情感、态度、价值观的生成和升华,才可能使核心素养入脑、入心。因此,设计出有效激发学生兴趣的探究情境,驱动学生深入思考探究,是课堂教学不可或缺的重要环节。

以下是本节课情境呈现的两个片段。

片段一 问题提出

师:你听说过风水吗?有人说"风水不科学",有人说"风水是大科学"……请结合以往见闻谈谈你对"风水"的看法……

(请学生结合个人见闻浅谈看法)

53

片段二 铺悬设疑

师：播放本学期师生宏村研学的精彩回放（月沼、南湖、雷岗山……）；配以画外音：自古流传"女人是扬州的美，风水是徽州的好"，徽州很多村落的形成很大程度上是"风水"思想的外化。作为世界文化遗产的古村落——宏村，历代人具有根深蒂固的风水理念。宏村人曾三次请当时著名的风水师何可达从万安赴现场审形度势精心"设计"，才形成今天的村落空间布局。多少年来，徽州真的是人才辈出，文学家、政治家、商业巨头……难道真的是风水在起作用？风水究竟是科学还是迷信？今天我们将从地理的视角解读宏村风水，揭开"风水"神秘的面纱……

（请学生观看视频及照片，温馨回顾徽州文化研学之旅的点点滴滴，开启探索宏村风水的思考模式）

在探究情境的设计中，教师抓住了两个关键点：一是在课堂之初点出"风水"这个让学生们听起来有些玄妙的现象，引出本节课的基本思考点——"风水"是科学还是迷信？为下一步对"风水"的深入探究做铺垫；二是回忆研学活动，营造出温馨、愉悦的课堂氛围。此时教师突然话锋一转，将宏村的风水设计与宏村历代的人才辈出建立联系，激起学生对宏村"风水"一探究竟的强烈愿望。

教学情境的创设使得学习成为一种包括情感体验在内的综合性活动。情以物兴、物以情观，形真、情切、意远，理寓其中。创设情境，激发学生对知识的好奇，引导学生将学习看作关于智力活动的情绪情感体验过程，这是课堂教学成功的关键。可以说，成功的课堂探究活动起于情境创设引起的情感激发，终于情感的生成与升华。

（三）设计核心问题

在核心问题的设计上，立足于对学生情感的理解、认知的尊重，精心选取与学生生活联系最紧密、学生求知欲望最强烈的问题作为探究的基点。

本节课的教学是在师生前往徽州研学，聆听了当地学者关于徽州"风水"的讲座背景下进行的。在聆听讲座的过程中，学生对宏村的"风水"感到既神秘又好奇，兴趣被充分激发，同时在这个过程中也产生了很多疑问。教师将这些疑问进行了详细记录并梳理归纳，最终形成了"探究宏村风水"一课的四大核心问题，在授课中教师将四大问题以风水师的语言模式呈现出宏村选址及内部建筑设计的四大风水要素，引导学生进行合作探究，质疑风水师观点的科学性。四个探究问题如下。

风水一　宏村背靠雷岗山、面临南湖——"背山环水面屏、藏风聚气得水"。

问题探究：风水师对藏风聚气地点的选择有科学道理吗？请结合"亚洲冬夏季风分布图"等资料加以辨析。

风水二　宏村临羊栈河、西溪河交汇河畔——"未秀山先秀水、有山无水休寻地"，"水要抱、水流环绕是吉水"。

问题探究：与单条河流相比，风水师为何更倾向于选择水流环绕或河流交汇处作为聚落位置？请结合"河流对聚落形成和发展的作用"材料进行分析。

风水师为什么多将村落建在河流弯曲处？而且多建在河流凸岸？请结合"河流的功能"文字资料及"地转偏向力作用图""河流凹岸和凸岸受力及侵蚀堆积图"加以辨析。

风水三　村落位于雷岗山之南、月沼之北——山之南，水之北谓之阳；山之北，水之南谓之阴，宏村位置为阳位。

问题探究：风水师认为山的南面、河湖的北面为阳，反之则为阴，有科学道理吗？请结合我国的地理位置及"太阳直射点移动规律图""五带划分图"进行分析。

风水四　村落民居广设五叠马头墙、天井——"五岳朝天预示繁荣兴旺，四水归堂预示财源广进"。

问题探究：请结合徽州气候、地形等地理环境特点分析——作为徽派建筑的经典元素，马头墙、天井的设计有科学依据吗？

教师对学生的塑造是生命对生命的塑造，是人性化的。教师要理解自己的教育教学活动与学生生存发展之间的因果关系，做到理解、移情、发现、唤醒、激发。本环节四个核心问题的设置充分考虑到学生的兴趣取向，站在了学生、学科、生活三个基点上，立足于充分激发学生内部学习动机，从新奇处、困惑处、共鸣处和挑战处等点位定位学生兴趣、情感与思维的出发点。探究活动不再是强制的、灌输的，而是完全基于学生自身强烈的学习需要，这样的探究活动也因此具有了充足且持续的内源性动力，很大程度上促进了课堂深度学习。教师的视角也从以往教学的角度、教材的角度转向了引导学生建立积极的学习情绪体验、引导学生进行生成与创造的角度。

（四）设计学习方式

在学习方式的设计上，选择自主、开放、合作的学习方式，为学生沟通能力的培养，想象力、创造力的发挥提供自由驰骋的空间。

无论是学科素养还是核心素养，都是由学生自己修炼而成的素养。素养的培育需要适合的土壤、积极开放的课堂生态环境。当学生真正建立知识与生活的联系，规律由学生自主发现，结论由学生自己得出时，学科的思想方法、情感态度价值观才有可能在学生那里落地生根，指向核心素养的学习才可能发生。要实现这一目标，首先，教师要信任学生，相信每个学生都有创新的潜能，都有自我实现的良好愿望；其次，要善于"发现"，做一个认真的观察者，发现学生的优缺点，发现适合学生的个性化学习方式；最后，要为学生提供个性化、有针对性的支持，这可能是学生们在成长中最需要的帮助。

在本节课的探究环节，教师让学生站在了学习舞台的中央，采取了以学生为主体，自主思考—合作探究—个性展示交流的多样态学习方式。问题的设计打破教材边界，体现开放性、拓展性，为学生的想象力、创造力、表现力的充分发挥提供了宽广的平台。为助推学生完成上述四个探究任务，教师课前向学生的学习设备上推送了充足的探究支撑材料，包括我国冬夏季风分布图、河流凹岸和凸岸受力及侵蚀堆积图、五带划分图、太阳直射点移动规律示意图、地转偏向力对河流流向的影响图示、论文《徽派建筑特色——马头墙和天井》等。丰富的图文资料为学生的学习探究提供了强有力的支撑，培养了学生获取、解读、整合信息的能力；同时学生在解决问题的过程中不仅要调动原有知识，还要自主学习新知识，尝试创造性地制定解决问题的方案和策略。

佐藤学曾说过，对于学习来说，快乐和痛苦是相伴而来的，没有任何一种快乐是不经过痛苦的洗礼的，学习本身既有痛苦，需要忍耐和毅力，也有幸福和快乐。同时感受到的这些痛苦和幸福，就是学习带给一个人的高层次的收获。本节课如果采取教师讲解"聚落的影响因素"——学生倾听的方式，学生最终也会达到本节课设定的知识目标，即掌握影响聚落选址的因素。但却失去了理解知识的生成过程、构建知识与生活的联系等思考问题的机会，失去了体验自主学习过程中的矛盾、惶惑、豁然开朗、柳暗花明等情感的机会，不能体验到痛苦探索之后的高层次的学习快乐，也就失去了对课题深入、持续地探究的动力。

（五）处理课堂生成

活动实施中对课堂生成的处理，教师表现出充分的尊重、信任、欣赏、关怀的情感和支持、引领的行为，努力激发学生课堂探究积极正向的情感。

课堂片段一　小组活动伊始，大部分同学投入紧张的信息搜索和热烈的小组讨论中，教师观察到一名同学游离在小组活动之外。教师没有责怪和呵斥，而是及时走到这位同学身边，关切地问他在想什么。学生回答："我在想河流凹岸凸岸的风水能不能用物理知识解释。"教师没有强迫该同学回到小组讨论中去，而是鼓励说："这个问题很有价值，一会儿你一定要将思考的结果和同学分享。"在这个环节，教师对学生表现出了足够的尊重，不同的学生有不同的个性，有的学生喜欢在集体活动中发言，有的学生喜欢自己深思熟虑。个性不同，学习方式也会不同，只要学生处在思考状态且不偏离主题，教师可以适当地给学生空间；有了相对安全自由的空间，学生的思维才会迸发出无限的创造力和想象力。

课堂片段二　在各个小组对宏村风水进行解读之后，教师请学生用几个词概括风水师在聚落选址时考虑的因素，学生们先后提出了气候、风、降水、河流、地形等关键词，教师将这些词汇板书在黑板上，紧接着抛出了课堂之初提出的问题：有人说风水不科学，有人说风水是大科学，你怎么看？教师以热切期盼的眼神环视全班，鼓励同学进一步思考。有的同学说风水是传统文化，有的说需要辩证看待风水。教师认真倾听，也都适时地给予了鼓励、赞赏。课程不再是静态的，知识也不是既定的，教学过程成为师生相互学习的过程。这时有一名同学突然站起来，用手指着黑板上的词汇说："风水师考虑的主要是风、降水等气候、地形、河流等因素，简单地说风水就是风和水，考虑的主要是地理环境，地理学好了，就是一名好风水师。""这简直是'神'回答啊！"教师以幽默且略带夸张的口吻对同学的回答进行了评价，其他同学也会意地笑了。虽然该学生没有用尊重环境、因地制宜、人地和谐等学科精准语言表达对风水精髓的认识，但毋庸置疑，人类活动只有尊重自然，顺应自然，在此基础上改造自然，才能趋利避害，这样的人与自然的和谐观念已经

58

深入其内心了。或许，只有安全、开放、积极的课堂环境才会催生出如此精彩的课堂。

综上，本节课的教学设计及实施在情感培育上的成功之处可概括为："师情浓烈激学情、悬疑情境原动力、理解尊重促学习、信任发现共创生。"但值得教师进一步反思提升的方面也有很多。例如，在学习河水对两岸的冲刷作用时，一个学生试图用物理受力图解向同学们解释河水对凹岸和凸岸的冲刷作用，引起了同学们对物理问题的讨论，教师由于担心学习进度受影响终止了讨论，这在一定程度上抑制了同学们的探究热情。值得反思的是，在探究活动中频繁出现教师预设之外的课堂事件时，教师怎样做才能既保护学生探究的积极性、又能使课堂探究不偏离方向？在这样的情境下，教师用怎样的语言表达更能调节情感氛围？总之，教师情感素质的提升还任重而道远，一直在路上。

七、一钟双音、和而不同——对音乐教学的情感反思

杨　琼

杨琼，音乐学博士，北京教育学院朝阳分院高级教师，朝阳区骨干教师，北京市第二届"京教杯"青年教师教学基本功培训与展示一等奖获得者，作品入围北京市优秀案例集。参与各级课题若干，如全国规划办课题"青少年价值观学习的情感基础研究"；北京市规划课题"创新型人才培养实践研究""平板电脑进课堂对学生能力影响之研究"；朝阳区规划课题"中小学舞蹈课程的开发与实施"。主持朝阳区规划课题"小初衔接阶段音乐欣赏课程进阶研究"等。在《中小学德育》发表论文《艺术表现与文化理解双赢》等。CCMATE音乐美育平台和公益行发起人，与中央音乐学院教授余志刚老师录制导学课程"音乐之光：西方音乐400年"。

美丽动听的音乐背后有数学、物理学、铸造学、律学、音响学、乐器学、信息技术等多学科的支撑。在参与了朱小蔓教授主持的"教师情感表达与师生关系构建"项目，了解了"情感—交往型"课堂之后，我发现带着情感视角的教学和师生交往可以引领学生揭开这美丽的面纱，感受音乐的神奇，感悟背后的理性，聆听背后的数理规律。弘扬传统文化是每一代教育者的义务和责任，在有限的教学时空内，采用什么样的方式，为学生呈现什么样的内容，都会有不同的效果。在我的教学过程中就发生了一件教学情感期待和学生最初表现大相径庭的事情，引发了我对情感教育的思考和强烈的探究兴趣。

（一）意料之外：哭与笑的巨大反差

为了让学生更好地认识中华古乐的魅力，了解先秦时期人们的音乐文化

生活，重新认识音乐在那个时代的地位，我开发设计了"膜拜礼乐——曾侯乙编钟"系列课程。这样一门饱含音乐内涵，又同时兼顾物理学、数学的音乐综合课程，可以让学生发现音乐是如何产生的，古人产生音乐的方式和我们现在的音阶、音律有何关系。这样的内容既可以还原古代音乐生活的本源，又能让部分由于唱歌跑调而对音乐产生距离感的学生，缓解部分心理压力，进而释放出其对音乐的真实情感。

在最初的课程设置中，我为了让学生尽早聆听到来自远古的曾侯乙编钟的声音，在课堂的较前部分就播放了编钟视频。由于这个片段中聆听嘉宾的情感表达比较充分，我专门将在场人们的表情和言语表达都保留了下来。我原以为这是良好的情感契机，铸造大师的感受、知名人士们的反应可以引发学生们对曾侯乙编钟的兴趣和尊敬。可是当时的情况竟然是有的学生看见音乐家的哭反而在笑，其他学生要么被带着不知所以地笑，要么在看我的反应。我惊愕片刻，然后急忙问带头笑的那个学生："同学们有没有考虑过音乐家为什么会哭呢？"那个带头笑的学生调侃地说："节目组给他们钱了，他们必须哭！"此刻我真是哭笑不得，甚至有些愤怒，对这种情感的矛盾十分不解，为什么学生的笑建立在别人的哭基础上；为什么对文化的敬仰变成了浅薄的金钱解读？我压抑住复杂的心绪，对学生说："大家一定是不了解编钟，对编钟还没有情感，才有这种判断，相信经过这节课的学习，大家一定有新的认知，也一定能理解音乐家落泪的原因！"

（二）情理之中：认知差距带来情感落差

经过这个小插曲之后，我发现自己对学生的情感基础认识还是有不到位的地方。沉睡千年的编钟离学生们的世界实在是太遥远了，在知识、技能、审美感知、艺术表现、文化理解各方面都有距离的情况下，距离不止产生了美，也产生了陌生和隔阂。

在弘扬传统文化和博物馆学习的背景下，近几年北京中学在每学期的阅历课程和博物馆课程中都加入了很大比例的博物馆参观活动，学生在陕西历史博物馆和中国科技馆中见到过编钟，在陕西民俗博物馆参观过历代的钟，甚至敲过钟，我需要挖掘其中激发学生学习兴趣的点。

课下回想自己对于曾侯乙编钟的最初认识，也只是当初上学时《中国音乐史》课本上几行简单的介绍，既没有见过实物，又没有亲自查找相关图片或者音乐、视频。参加工作之后，由于自己的专业是研究传统文化，一直在积累相关资源并陆续开发出传统文化的相关课程。在这次备课的过程中，我竭尽所能地收集了网络上大量的图片、文献、视频、音乐等内容，反复聆听、观看、比较、筛选、截取，才设计出这样的内容，我也是在这个过程中才慢慢体会和理解到曾侯乙编钟的神圣，选取了这样一个名字"膜拜"。讲述这节课不久，文化类节目《国家宝藏》热播，曾侯乙编钟也在湖北博物馆的推选中与大家见面。

对于这个内容，教师是情感先行者。带着先行的情感去要求没有经历这个过程的学生显然是不合适的，那个带头笑的学生平常对音乐类的节目是很关注的，对音乐不是没有感情，我需要找到他的兴趣点。当时我的问题也许应该多问个"同学们为什么会笑"，而不只是"音乐家为什么会哭"。这个简单一问反映出我的关注点还在教学内容上，而不是学生。我的教育情感历程、课程情感目标和学生的情感起点与特点，以及教学材料中人物们情感表达的方式都不尽相同。作为教师的我要尽力在这个情感的"异度空间"中来回穿梭调试，尤其是设身处地站在学生的情感和认知上随时观察和追踪学生们在情感的迷途中走到了哪里。

本节课的情感目标单纯靠感化是不足以达到的，这一定是一个情感生成过程的最终方向，作为教师的我需要通过一些方式做学生的情感铺垫者、调整者、引导者、陪伴者、沟通者、摆渡者。

（三）层层进阶：走向膜拜的情感阶梯

基于此，我迅速调整了课堂进程和方式，并确定了情感引导的教育方向——"兴趣—感动—敬重"的情感导向路径。兴趣的激发可以多种多样，只有让学生发现其中的兴趣，沉浸其中，才能在兴趣之余触发感动的开关，只有在感动的基础上才能进一步敬重让其感动的人与事。有了尊敬、敬重的"敬之情"，才能逼近"膜拜"的至高情感归宿。"音乐课程标准"也指出："音乐审美指的是对音乐艺术美感的体验、感悟、沟通、交流以及对不同音乐文化语境和人文内涵的认知。这一理念立足于我国数千年优秀的音乐文化传统，与我国教育方针中的'美育'相对应，彰显音乐课程在潜移默化中培育学生美好情操、健全人格和以美育人的功能。"

1. 兴趣导入

兴趣是最好的老师，在兴趣中学生们的真情实感容易流露。真正的学习是学生在真实的环境中发现其感兴趣的问题，进而主动探究，在个性化学习的基础上产生共鸣的过程。我随机设计了几个问题："同学们，大家之前敲过钟吗？钟声有什么特点？"回答此起彼伏，"在雍和宫、大钟寺敲过"，"嗡，洪亮……"我接着追问："那同学们有没有办法让一个钟敲出两个不同音高的声音？""敲不同的地方，用不同的东西敲。"那个刚才笑的同学抢着答道。看来这个同学反应很灵活，也喜欢回答问题，可以借助他这个特点，带动同学们一起思考新的问题。我引导道："请同学们回到问题的原点思考，声音是怎么产生的？声音的高低由什么决定？""振动的频率。"带头笑的那位同学回答，看来他有些"上道"了。我继续追问："频率的高低又有哪些影响因素？"大家陷入了思考，那位同学也不再抢答了。我马上提出建议，大家小组讨论一下，也可以查阅资料。同学们马上来了兴趣，有的你一句我一句地分析，有的在自己查阅资料，有的讨论到有争议之处，求助于网络。经过一番讨论和查阅，同学们初步达成了共识。一致认为，这是一个复杂的问题。我借机给同学们播放了之前截取好的编钟双音视频，经过刚才的讨论，同学们都认识到"一钟双音"的神奇，在我的进一步解释中大家频频点头。同时我进一步强调，很多看起来不可思议的表象下，背后都有深刻的缘由，并冲着带头笑的同学问了句："是不是？"他笑了一下，点了点头。

2. 背景助力感动

有了兴趣，同学们就有了进一步学习的期待。我顺势引入曾侯乙编钟重见天日的故事。由于编钟在挖掘的时候经历了爆破，倘若再多开一炮，贴近几米，这个饱含古人智慧的礼器就将在当代人的"鲁莽"中灰飞烟灭。同学们了解之后都比较感慨，又有了一种险些"失去瑰宝"的珍惜之情。

当观看、聆听、了解到编钟的制作过程有 22 道工序，融合铸造业、冶金业、雕刻、音响学、物理学、数学、美学、力学、律学、乐器学等多学科内容，任何一个环节的失误都会让所有人数十年如一口的艰辛制作化为乌有的时候，有同学发出感叹；当看到铸造大师从黑发人变成白发人，心无旁骛地测量、聆听，毫无保留地传授技艺给年轻人的时候，同学们为匠人的匠心精神感动不已；当看到匠人们合铸的编钟发出了合适的声音，同学们不约而同地跟视频中的人们一起鼓起了掌。

3. 敬重催生膜拜

为了让学生进一步感受到编钟调音的状况，我使用烧杯模仿编钟，通过调节其中的水量高低发出不同高低的声音。

在此过程中，我先演示事先调制好的能形成音阶的烧杯，并用烧杯演奏乐曲，激起学生的好奇心和自己尝试的欲望。实验中我深入各小组指导其实验操作，弯腰观察、聆听，主动引导，刚才注意力不够集中的学生还专门邀请我给小组做指导。通过有针对性、长时间的指导，他们慢慢融入探究、操作、思考中。经过调烧杯水量测音高，学生体会到编钟校音的艰难，对编钟制造工艺和铸造人有了更深刻的认识，尊敬之情溢于言表。

是时候介绍礼乐制度了。当学生们了解到编钟是钟鼓之乐时代的重要乐器，是我国先秦时期礼乐的重要组成部分，曾侯乙编钟这一饱含先秦音乐文化的珍品，是律学与文化生活的集成，其律制的完备、工艺的精湛、艺术之美、铭文的记录都较为完整地呈现出先秦时期贵族的音乐文化生活，祭祀和钟鸣鼎食等盛况中都有编钟出现，学生们都赞叹不已。在礼乐制度的历史、礼仪介绍完后，我让学生观看并聆听了我国第一颗人造卫星"东方红"发射时编钟演奏的《东方红》，同学们不约而同地演唱起来。

最终，学生的兴趣在对编钟声音原理探究中被激发；在失而复得的感动中，树立了文物保护的意识；在综合理解了编钟铸造的艰辛和小组测音尝试中，产生了认同与敬佩之情，理解了课堂之初视频里人物的感慨；在课堂丰富的纪录片、音视频、文字、文献中，对音域、铭文、材质的综合认知中，学生感受到编钟丰富的文化内涵，及其在中华传统音乐文化的地位和意义；对礼乐的敬意油然而生。总之，当学生在知识、技能、思维、情感上都达到一定程度后，他们就自然而然地理解了不同时代背景中的不同价值观，形成了对同一行为的不同理解，也认识到自己的笑与音乐家的哭这一情感冲突背后的原因。

（四）余音绕耳：接纳学生情感认知带来的教学收获

这节课后的教学实践中，我将引起学生情感撞击的教学环节放到了课程的后半部分，也就是学生们的情感离"膜拜"的情感较近的地方，再也没有出现哄堂大笑的情况，学生们都凝神观看。当我再问出"音乐家为什么会哭"的问题时，同学们都争相回答，"因为音乐家对这件乐器充满了敬意"，"因为那个时候的人们对音乐的理解跟现在不一样，很神圣"，等等。对于教学材料的取舍，我也调整为尽量使用纪录片中的内容，删除娱乐化的语言和环节，感情和风格真的能够传颂，细微之处都要注意。

"哭笑"的问题也促使我在教学环节中引入音乐设计节目。在结课前，让学生们自己去思考曾侯乙编钟的介绍应该在怎样的环境、环节中出现，对于文化环境的设计就体现了学生对于曾侯乙编钟文化的理解。

在学期末的自我评价中，学生们也用自己的语言表达了对这节课和曾侯乙编钟的认识："编钟太神奇了，一个钟能发出两个音，现代人都很难想象和做到，古人的智慧令人叹为观止。""原来音乐在古代有那么多的作用，不只是供人娱乐的，还跟我国的礼法结合在一起。""音乐课上竟然能有物理、数学、实验的内容，很有意思。"作为一位老师，莫大的幸福莫过于通过自己的努力，让学生改变了对音乐的认识，日后的人生之路可以有音乐陪伴，无论走到哪里，都可以把自己喜欢的音乐、传统文化传播到那里。

作为一位比较理性的艺术课老师，我意识到需要格外关注自己的情感表达，提升文化素养。非常感谢北京师范大学朱小蔓教授团队四年来的付出，从 2014 年开始，在"教师情感表达与师生关系构建"项目的引领下，朱小蔓教授、张华军教授团队在我校进行了定期、不定期的观评课，学术讲座和专题研讨。作为项目的骨干成员，我始终参与其中，对于"情感—交往型"课堂的理解也逐渐系统化，并在实践中积极探索，在实践中有所体会，更重要的是对自我的情感认知、学生的情感觉察有了主动和自动的倾向。

基于教育教学和理论的双重实践，目前我对"情感—交往型"课堂的理解是：教学情感是融化在学校的整体氛围中的，集中表现在师生课堂、生活中的情感交流与互动，它细化为教师在教学中对教学环境的感知，甚至是对教学环境的共建，比如，"哭笑"的问题促使我去思考，如果这个环节在纪录片里面，学生们应该就不会出现这种状况。

教学情感也可以指：教师对学生在课堂中正在生成状态的感知，在这方面教师具有一种敏感性，对于自己的、不同学生的情感感知，教学材料的效果的感知要时刻警醒。现实中经常发生的状况是师生对彼此情感进程和状态的"知而不觉"，也就是说专门去思考感知情况的时候是有所回应的，但是如果没这一步反而觉察不到。这就需要教师首先要在不停地融入、跳出中体悟，仿佛"我看人看我看人"这种多视角循环螺旋中全方位立体感知，才能更真实和深刻，才能做出实时的调整。其次，教师要设置一些问题或者环节提示学生来"思我"，感知自己。

课程资源重组方面也体现了学科专业的人文理解，在教育教学第三方评估中，学生们对我的评价是：音乐学霸、专业能力过硬。怎样将这种能力转化为激发学生兴趣，增长学生审美情趣也是我需要提升的一种能力。教学是一门综合的艺术，方方面面都可以理解为一种情感沟通，教学中任何一个环节，学生有不明白或参与不到的情况，教育教学效果都会打折扣，进而影响到最终的目标达成。正如张华军老师所说，"教师对学生的情感期待，教学中言语、肢体、情感表达的觉醒，和对自我教学风格教育目标至高追求的感悟"①都是情感课堂的内容。怎样在众多繁杂的资源中选取最有益于学生的内容，构建出基于言语、肢体，最终在长期积淀中形成深入浅出、旁征博引、引人入胜的风格，也是我对于自己的教育教学期待。

学生们在传统音乐课堂中更多是参与歌唱、欣赏等相关活动，对于声音、音乐是如何产生的，音阶中的音是怎么来的很少涉及，过于强调音阶、音准还让部分前期没有进行过良好训练的学生有自卑心理。此次课程，我尝试让学生参与音乐产生的过程，关注学生对自己的听觉能力的感知，激发其对音乐新的认识。

音乐课程是学校雅趣课程的重要组成部分，通过课程培养学生的审美情感和对人、事物、历史文化的情感是重要目标。"情感—交往型"课堂理念和价值的理解和实践有利于发展学生的审美感知、艺术表达和文化理解，这是音乐核心素养的重要组成部分，也是其体现。学校鼓励老师们突破学科界限，开发综合项目课程，此次融合数学、物理、音乐学科内容和歌唱、欣赏、实验、设计等环节的"曾侯乙编钟"，出现了"哭笑"同在的课堂事件，最终良好地疏解开，是传统文化学习的"和而不同"，就像曾侯乙编钟一样，同样一面钟也能发出音高不同的音，64面这样的钟用科学严谨的逻辑编织在一起，也能跨越千年演奏同一首音乐，这是"和谐之音"，与北京中学的校风"和而不同，乐在其中"也有异曲同工之妙。

通过"膜拜礼乐——曾侯乙编钟"的学习，我和学生一起把流传千年的乐器较为完整、活灵活现地展现出来。在古今对话、师生对话、器乐对话中一步步将先秦时期礼乐状况呈现在学生面前，有体会、有体验、有迁移、有思考、有表现，在音乐、物理、数学等学科的共同作用下认知曾侯乙编钟的文化内涵。经过立体感知，多学科结合，以他思带乐动，正如课标所指出的，

---

① 张华军：《在课堂教学中建构师生关系——以北京中学"情感交往型课堂研讨"为例》，载《中国教师》，2016(11)，26—28页。

66

"音乐的情感体验，应从多样化的文化语境出发，根据音乐艺术的表现特征，引导学生对音乐表现形式的整体把握，领会音乐要素在音乐表现中的作用，增进音乐素养"。① 当纲领被践行变成指导方法，一步步落实，教学成效便跃然纸上；在情感的疏导、铺垫和升华中，教学的情感矛盾得以解决，情感态度价值观目标得以实现；以乐育人的目标得以达成，所有的一切都水到渠成！

① 中华人民共和国教育部：《义务教育音乐课程标准(2011 年版)》，北京：北京师范大学出版社，2012，3—5 页。

八、别着急，我们是在进行艺术创作

吕　源

吕源，中共党员，北京中学美术教师，中学一级教师，朝阳区骨干教师，中华优秀传统文化教育优秀个人。设计开发并实施"电影空间艺术设计"系列美术课程，获朝阳区 2018 年教育教学年度成果奖提名。中央美术学院版画系中国传统版画研究方向硕士研究生，就读期间为本科生开设传统版画全院选修课，本科就读于北京电影学院电影美术设计专业，参与多部电影电视剧的美术设计与拍摄。从教后致力于美术学教学方式变革，多篇论文发表于国家核心期刊。

　　本文是对"教师情感表达与师生关系构建"项目中我参与的一堂课的回顾与思考，特别是课堂中引起的争议焦点：是否需要打断学生创作，而完成教学"规定动作"？如何处理课堂时间的有限性和艺术创作的不可规定性之间的矛盾？对这些问题的判断和处理，也蕴含了教师情感与情感教育的有益思考。记此文，希望与读者探讨学习。

　　这是一堂公开课，离下课只剩下 10 分钟，学生们还是不紧不慢地做手头的事。和学生们坐在一起的有学校的领导，还有北京师范大学"教师情感表达与师生关系构建"项目的专家。我需要在这 10 分钟里让至少一个组的学生们展示建筑模型，给这堂课有个交待。5 分钟前我就可以倒计时了，但是学生们做得很投入，每一个人都在仔仔细细地塑造模型，没有一个人是无所事事的样子。我看看表，当下决定不要催。

（一）故事由你来定

1. 课程开发

制作建筑模型、拍摄定格动画，学生对于这种创造性的活动非常感兴趣。建什么样的建筑，编什么样的情节，都由学生来决定。我能做的就是绞尽脑汁设计一个"游戏规则"，让学生天马行空之后，还落在美术学科的"规定动作"里。

这堂公开课叫"店铺门面设计"，以学生刚刚参加过的阅历课程"中华文化寻根之旅——江南行"为背景和主题故事，这些学生刚刚遍访江南自然人文景观。我将人民美术出版社的初中七、八、九年级美术教材中与建筑有关的课程浓缩到六年级"电影建筑空间设计"这个美术模块中。除本课"店铺门面设计"之外，教材里还有"北京中轴线上的建筑""贝聿铭的建筑设计"，其中讲到了苏州博物馆，恰好也是学生江南行亲身游历过的地方，很有带入感。

2. 课堂活动

初步了解店铺门面设计的意义以及要素，四个小组自编"江南行"的故事，要求含四种建筑类型，并用画分镜头的方式展示，在全班投标答辩，全班选出最受喜爱的故事，再将该故事的四个建筑场景分包给四个小组，每组承担一个建筑场景设计并制作店铺建筑模型，拍摄成定格动画，四组的动画合成完整长片。在前面几节课中，已经完成了故事编写、画分镜头，选出了最佳故事，各组领了任务。在本课中，各组要完成店铺建筑模型的制作部分。

建筑的种类是多样的，"江南行"游览过的地方就恰好能够涵盖四种建筑：拙政园是园林建筑，乌镇是民居建筑，苏州博物馆是公共建筑，岳王庙是庙堂建筑。让学生也想好几个建筑场景，让他们将故事贯穿在这几个建筑场景中。胜出的是第二组，在他们的故事里，女孩读了鲁迅的文章，进入了白草园，穿越到乌镇，扇着扇子到达苏州博物馆，喝了一口茶穿越到茶室，一个穿越的故事把四个建筑场景连了起来。

3. 项目分包

发扬课堂里的民主，这个"最佳故事组"是学生们投票选出的，同学们都喜欢并且愿意做他们组的场景。于是学生自己承接制作场景的任务，一个组做百草园，一个组做乌镇，一个组做苏州博物馆，一个组做茶室。每组学生都把场景画出草图和效果图，通过这个效果图做场景的模型，最后拍摄动画。

不管是建筑设计还是动画制作，创意都至关重要，也是美术学科最重要的培养任务。创意来自学生的阅历课程，故事也由学生决定。在这个项目里，学生是主体。课堂不是老师的一言堂，教师真正地下放学习的权利和机会给学生，让学生的动手能力还有创新思维都得到非常多的锻炼，促进学习共同体的构建，迎接协同学习课堂的挑战。

（二）浸润在创作里

1. 完美主义

小吴给小李讲他设计的乌镇，小吴说："你看到这个屋子，树直接在水里面，树下面肯定要有一个支架。"小李说："这样肯定立不起来。"这个组是相对有点慢的，组里四名学生全是男生，而且他们有完美主义的倾向。乌镇屋顶的选材，他们细心地挑了瓦楞纸，不仅将瓦片的层层"波浪"模拟了出来，还高度还原了乌镇冷冷的褐色，这个选材是动了脑筋的。他们还用铅笔在瓦楞纸上，一层一层地画出了"瓦片"，裁切的地方整整齐齐，热熔胶粘得仔仔细细。

在学生的这种交流里，我感受到一种艺术审美的力量。谁能说，将瓦片画清楚不是美术审美的要求呢？将瓦楞纸裁切整齐就不是美术审美力的体现呢？哪怕将来学生没有以美术为终身的职业，可是他通过年少时的美术实践，将"精致"一词内化在心里，就算做一个汇报工作的幻灯片都会不一样，他工作的成果特别"漂亮"，他的生活也必然是精致而令人愉悦的，美术教育的价值就得到了体现。

2. 协作精神

在学生的这种交流中，我感受到他们逐渐学会共处、学会学习。学生们结成制作团队，每个人都是团队中的一分子，可以选择自己擅长的任务，将作品精益求精，学生在实践操作和团队协作中，获得成就感和满足感。这样的美术作业也更有意义，不仅有创新性，也是一个促进学生互相学习的过程。

而且即便不在同一组的学生，也可以互相协作。有一组的学生不仅完成了建筑模型的制作，连逐格动画都拍摄完成了，我对组里一个女生说："你们拍完了可以看看其他组，有没有可以帮忙的地方。"她就去询问了另一组。那个小组的学生说："我们需要那个女孩的角色。"她就把她们组做的小纸偶给他

69

们拍摄，非常和谐。我想，正因为有一个大家都能接纳的故事，成为全班同学共同努力的目标，对课程内容的集体共享的引导，所以这种跨组合作是顺畅的，所有学生都在期待最后那个完整的故事视频。如果是任意一个任务，强加给学生未必能有好的效果。

3. 全面了解

我见这个女生饶有兴趣地在其他组之间转，全然没有陌生老师在旁边看着的那种"怯场"和"认生"。我也让每个组汇报工作进度，给全班同学一个过程性展示的机会，既给自己做了一次阶段性小总结，又让每名学生对每一个环节、每一个步骤有更深刻的感受，这样学生在完成任务的时候，能够全身心地投入。

（三）我没有很多话

1. 润物无声

我喜欢"润物细无声"这句话。我来到教室，因为是公开课，学生来得比较早，因为还没到上课时间，于是我先把教室的灯关了，营造一种稍暗的氛围，让学生稍微安静一些。我给他们预设了一些问题，提醒这节课要设计模型，有没有想法在这节课怎么做。每个组都问一下软件是不是都装好了，学生们虽然来早了，但是要先进入课堂学习状态。

我以前认为，师生关系多是以老师作为教、学生作为学的关系存在。在北京中学，老师是一个引导者、参与者，老师上课时没有占用很多的时间，而是将更多的时间分配给了学生，让学生发挥自己各方面的技能。

2. 温和鼓励

上课以后我和学生交流比较亲切、自然，虽然时间上比较紧张，但是我还是保持温和的教态，鼓励做得慢的学生，平复他们的情绪，不让他们有挫败感，即便这节课没有完成作品，我还是希望我的鼓励能让学生感到他们在课堂上有收获，有一定的成就感。

3. 展示机会

我更愿意在课堂上把机会和时间留给学生进行表达。课程的内容是关于创意方面的，这需要一个展示和交流的平台。展示的平台，是让学生们自己介绍本组的模型作品，这是学生们想做的，又是自己亲手做的东西，一定是倾注了感情的。而最后交流的平台，就是让学生们相互启发、分享。

记得曾经和同事们参加过"个性化学习"的工作坊，学者们的"点评"给我留下了很深的印象，他们善意地把话筒递给老师，鼓励老师表达，老师说完后，只温和地说一声"谢谢"，并没有做出评价。开始我感到很不适应，因为我期待着教育专家为我公布一个"正确答案"。后来我逐渐领悟到"每人都是自己的教育家"这句话的含义，每人都在所经历的各种情境下，教育着自己，自己为自己的问题寻找答案。我们也不妨把更大的探索空间交给学生，让学生在表达中激发思考，在思考中逐渐建立自己对事物的认知体系。

（四）我们都在创作，也都在生活

1. 创作状态

我每天要用两小时画一幅画，正因为我的创作从来没有间断过，所以我明白创作不是比赛，不是技术加工，不能规定半小时必须完成，还要在 25 分钟就进行倒计时，这样不能叫创作。然而在公开课上，听课的观众期待在课程的结尾呈现出作品成果，似乎只有这样，一堂课才能算完整。这无疑与创作的状态相矛盾。学生们在日常的课堂中很自然地进行创作，对作品进行改进、推倒重来……我仍然希望学生在课堂上能获得如此一种自在舒展的创作状态。

于是，当发现时间好像不太够用了，本来可以早一点提醒学生，但是看到同学们的积极性，又特别地投入，我犹豫要不要提醒。当时我作为一名任教几个月的新教师，众目睽睽之下，我似乎应该按照"正确的""规定动作"来"掌控"课堂，但是我却一拖再拖，我不想给学生们压力，我希望他们能够按照自己的进度进行创作。同时也期待这节课结束的时候能够有一个成果。于是我就特意在课堂教学进入尾声的时候提醒了时间。下课后，有的听课老师问我："当时你着急吗?"其实当时我心里很着急，但是我不能把这种情绪表露出来。学生能够很敏锐地感受到老师的情绪，如果老师把焦虑的情绪传递给学生，那么学生肯定不能以自如的状态来创作了。

2. 生活体验

教学即生活，通过这堂课，我认识并感受到学生在制作的过程当中是一种生活的状态，并且很自然地、很和谐地进行合作。

将生活的故事和课堂故事相结合，无论让学生进行江南行，还是进行店铺设计，要把生活的体验和经历的故事带到课堂当中。通过制作店铺模型来

71

复活记忆，在设计中融入自己的情感，使课堂变得很有趣，目的就是让学生充满着热情去创作，学生的体验就是教育的体验。生活的体验可能是粗糙的，通过一种教育的载体，把粗糙的生活体验浓缩或聚焦在学生共同的小组合作中，完成一件有意义的作品，表达自己的生活体验。这种生活的体验和当时江南行的体验又是不同的，它是从粗糙的、边际比较大的，走向精致的、聚焦化的过程，这个聚焦化的过程有情感的体验，也有故事。这个故事是个人生活的故事，是以小组合作为载体的，同学们围绕着共同的主题进行合作。不同的故事、不同的小组、不同的学生进行对话，进行话语的汇聚，从每个人的生活体验到小组群体的聚焦性的生活体验，最终通过一个作品进行呈现。

3. 文化气息

我一直相信，美术作业是学生感受文化、理解文化的一个实践载体。学生做的建筑模型充满了文化的气息，使得这堂课不那么技术化和知识化，它具有一种文化的内涵，而且在呈现的过程中，从学生的小组编织到学生心灵的参与，从形式上看是一场游戏、一个好玩的故事，牵引着学生对江南建筑文化进行重新认识，是对于过去经历的生活场景的重新回忆。

如果我有机会再次回到当时的课堂，我一定会自信而又温和地对学生们说："别着急，我们是在进行艺术创作。"

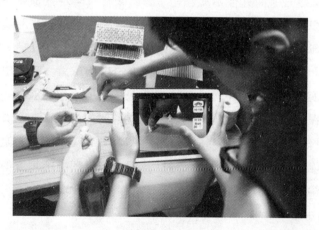

拍摄定格动画

九、体育课堂中的情感对话

原鹏程

原鹏程，中共党员。2009 年毕业于北京体育大学研究生院，中央民族大学 2019 级在读博士生，工作 10 年来始终秉持教书育人、培养学生终身体育意识与习惯的理念，在教学中勤勤恳恳，努力钻研教材教法，关注学生的个体差异，力争让学生在体育课上享受乐趣、增强体质、健全人格、锤炼意志。在体育专业期刊、论文集中先后发表了十余篇论文，多篇论文获得全国、北京市、朝阳区级奖项，作为课题负责人主持完成区级以上课题两项，参与编写教材三本。

朱小蔓教授在《教师关切情感的逻辑及其实践路径》一文中指出，关心的过程是一个互动的情感传递过程，充满着基于情感的"对话"。成功的情感"对话"促使关心的真正达成。只有双向度的情感传递与接受，才能使关心真正关注人的内在情感世界，唤起情感共鸣，做出适宜的情感回应。① 本文讲述的是我在六年级体育课上对全体同学进行"分腿腾跃山羊"教学的故事。当时，我发现小松同学存在着不敢越过山羊的心理障碍，于是对他单独进行辅导。通过我的课下指导，小松和我增加了沟通，并感受到了我对他的关心和信任。小松通过不断练习和积累信心，他的"分腿腾跃山羊"动作越来越有进步。最终他战胜了自己，顺利通过考核。

体育教学面对的是不同类型的学生，体育教师要学会因材施教。在提高

---

① 钟芳芳、朱小蔓：《教师关切情感的逻辑及其实践路径——兼论当代师生关系危机》，载《中国教育学刊》，2016(11)，67—74 页。

自己专业水平的同时，更要不断提高自己在情感表达方面的能力，相信学生，真诚地和学生进行沟通，关心学生的心理需求，以自己的真情、专长和耐心来赢得学生内心的掌声。下面我就以"体操——分腿腾跃山羊"这一课来介绍我和小松之间的故事。

（一）心理障碍

为期三周的"体操——分腿腾跃山羊"课结束了，看着小松在体育课上顺利跳过山羊、通过了考核，我心里比小松还要高兴。因为就在三周前，小松见到"山羊"，就像是一只站在悬崖边的小羊，无论如何也不敢跳。

在第一次上分腿腾跃山羊课时，大家是从一个游戏开始学起的，这个游戏是我儿时玩过的，叫"骑驴"。即每一纵队同学为一组，除了最后一名同学外，其他同学保持同等间距都朝一个方向弯下腰，手扶膝盖当"驴"。最后一名同学从倒数第二名同学开始，像骑驴一样手扶前面同学的后背依次越过每一个人，然后也弯腰蹲成"驴"。倒数第二名同学像最后一名同学那样重复，依此类推，所有人先做完的组为胜队。就在大家玩这个游戏时，我发现了一个问题——除了有几名体重较大的同学玩不了，只有小松同学在旁边默默地站着，我过去询问后得知，他不敢跳。做这个游戏之后，我让大家先是学习分腿腾跃山羊分解动作中的助跑、起跳技术，然后再练习手扶山羊提臀分腿。这样上了三次体育课，一部分同学已经能够在教师保护、帮助下跳过山羊，可是小松的动作依然只是停留在助跑、起跳上。

（二）事出有因

针对小松害怕跳山羊的心理，我猜测他原来也许是受过伤或者是有过失败的惨痛经历，我想验证一下。有一天中午，我单独给他进行辅导时，我问他："你为何如此害怕跳山羊？"他说，因为小时候玩"骑驴"游戏时，他不小心把下面当"驴"的小伙伴给压伤了，所以从那时开始，他就特别害怕再玩这个游戏，担心会把同学压伤。同样，他也担心在跳山羊时腿会磕到"山羊"，从而摔下来导致受伤。果不其然，他的心理障碍源于他的成长经历。

（三）心理诱导

在这三周里，除了体育课，我每天中午12:10～12:30都会在摆放有山羊器械的乒乓球教室指导包括小松在内的几名同学练习分腿腾跃山羊。其他几位同学跳不过山羊主要是由于体重较大，动作不协调所致；而小松身材匀称，体重正常，动作也比较协调，之所以跳不过去就是因为心里畏惧。

第一步：在哪里跌倒，在哪里爬起来

有一天中午练习时，我对小松说："你在做游戏时不是怕把下面的同学压伤了吗？来，你从老师身上跳过去，老师不怕压伤。"他有些犹豫，我就拉过来一块垫子，摆在我的前面。然后我在垫子旁弯下腰当"驴"。我对他说："你看，就算你在'骑驴'时碰到了我，把我压倒在垫子上，我也不会受伤的！"小松起初还是有点畏惧，但是看到我一副认真的样子，他默许了。在我和小松玩"骑驴"游戏过程中，前几次他都是跑过来要么是不敢跳，要么是跳起来后坐在了我的头部或肩膀上，把我压倒在垫子上。其实当时我也挺疼的，但是为了帮助小松，我故作轻松说："小松，你看，我没事！"小松有一点愧疚，不过看到我轻松的表情，他鼓起了勇气接着跟我练。就这样，我不断地鼓励他，小松终于可以越过我的身体落到垫子上。有了进步我就马上夸奖他，直到逐渐撤掉垫子，他也终于敢从我身上跳过去，敢玩这个"骑驴"游戏了。

第二步：激发斗志

在练习跳山羊的同学中，几名体重大的同学通过练习，可以在我的保护、帮助下跳过山羊了。可是小松在从敢"骑驴"到敢跳山羊的过渡过程中，还是战胜不了自己。当看到别的同学顺利地跳过山羊，轮到他时，他跑到"山羊"前总是起跳后又落回到踏板上，自己也低下头深深地叹气。我看得出小松心里的矛盾和不甘心。于是我又给他做了一次特殊的示范，即跳山羊时故意把腿磕到"山羊"上，然后摔到垫子上，再站起来。我使用了一个苦肉计，目的是让小松明白，即使摔了也没关系。我对他说："小松，大不了你就摔一下。你看，老师摔了也没事呀！而且老师保护你，不会轻易让你摔倒的。"可是他在答应我之后，跳的时候又退却了。我情急之下对他说："小松，你看××同学在保护、帮助下都敢跳了，你如果是个男子汉就跳过去！"我说完，小松果然深呼一口气，瞪大了眼睛，奔向"山羊"。在我的保护、帮助下，他连滚带爬，勉强跳过了山羊。我抓住时机，马上给予鼓励："小松，你这一次做得太好了，你就这样练，肯定能行的！"他似乎顿时有了信心，接下来几次练习也都完成了。从那一天起，小松加快了进步的步伐。

（四）技术辅导

小松不敢跳山羊，心理障碍是主因，因此技术指导的目的在于培养他的自我效能感，这至关重要。分腿腾跃山羊的技术动作主要由助跑、起跳、第一腾空、推手、第二腾空、落地等几个部分组成。具体的动作规格是，能做到助跑快速稳定，单脚离地双脚用力踏板起跳，做出第一腾空，直臂顶肩推手，做出第二腾空，平稳落地。但是这些技术环节中每一个动作掌握起来并不容易，特别是第二腾空很多学生甚至老师都很难做出来，因此分解练习时我对小松要求不能太高，先让他跳过去才是首要任务。在每次练习分腿腾跃山羊完整动作前，我都会安排小松先做助跑、起跳练习，再练习对墙推手，起跳后手扶乒乓球台做支撑提臀分腿等练习。比如，做每个分解动作时我会问他："小松，这样能做到吗?"他点点头，我们就继续练习，他摇头，我就给他做示范。这些分解动作虽然枯燥，但是对小松并不难，因为他的身体素质不错，只要不是完整动作，他都可以克服。最后，在掌握了各个分解动作后，我们从分腿腾跃低山羊练起。"怎么样，小松，这个可以越过吗?"犹豫、沉默、坚定，小松经过这样的心理斗争后，在我的保护、帮助下，在反复的练习中，他成功越过了低山羊。

（五）成功腾跃

两周的体育课上的集体练习和课下"开小灶"相结合，小松逐渐建立起了自信心，他重新鼓起跳过正常高度山羊的勇气。在最近的一次课上，我说："同学们，让我们一起为小松加油，看小松过一次山羊好不好?"话音刚落，只见小松站在起点前泰然自若，深吸一口气，稳定加速跑到踏板前，单脚起跳双脚落板，腾空，手扶"山羊"用力推撑，分腿，落地。小松在我的保护、帮助下稳稳地站在了垫子上。同学们爆发出雷鸣般的掌声，纷纷夸奖小松的进步。小松脸上也终于露出了久违的笑容。在最后一节课的测试中，他在脱离了我的保护、帮助下完成了动作，全班同学再次为他鼓掌，小松扭过头说："谢谢老师!"这一刻，我为小松能够战胜自我、克服困难而自豪，更为小松表现出不屈不挠的体育精神而骄傲。

朱小蔓教授指出："有效的教学活动既非教师孤立地教，也不是学生被动地学，而是教师能够与学生之间建立情感上的联系——教师将自己的生活经验带入对学科、知识、文本的理解和解读中，在教与学活动结成的关系中，以学生学习活动及其表现为着眼点，敏锐地发现识别学生的情感状态并进行移情性的回应、调适，恰当地处理学生在学习中的情感困惑和问题，使他们能够在情感上感受到学习的乐趣以及思维和理智上的挑战，感受惊喜和自豪，并保持继续学习的愿望，逐渐发展进一步学习的能力，等等。"[1]结合这一师生

---

[1] 朱小蔓、王平：《从情感教育视角看教师如何育人——对落实〈中小学德育工作指南〉的思考》，载《中国教育学刊》，2018(3)，83—88页。

关系理论来理解小松，课程学习中的小松非常上进，他具备分腿腾跃山羊的能力但无法发挥。作为教师，我们就是要发现学生的情感状态，恰当地处理学生在学习中的困惑和问题，使他们能够感受到学习的乐趣，进一步提升自己的学习能力。学生学习的体育项目很多，但是能熟练掌握的并不多。像"分腿腾跃山羊"这样的项目，它的意义不仅仅是学会一个身体动作，还需要学生克服心理上的困难甚至是障碍才能掌握，这使它的锻炼价值大大增加，甚至有可能影响学生的一生。那么如何使学生从畏惧、抵触到接纳，再到自信？文中已经给出了答案：关键在于教师的引导。"教师是以其全部生活经历和生命状态在影响学生，而不是简单的知识传递者、说教者。"[1]苏霍姆林斯基曾经说过，教师是用他的一生在备课。作为教师，我们要不断地修炼自己，要善于激励学生，从理论上、从生活中、从实践中汲取力量，将自己所具有的学科素养转化为学生所掌握的学科素养，将自己所具有的终身体育习惯潜移默化地影响学生，我想我们体育教师的使命就在于此。要想实现这个使命，需要很多途径，其中很重要的一点就是建立好的师生关系。新时代，习近平总书记对我们提出了以"四有"好老师为目标，做好学生"引路人"的殷切希望，我们只有拉近与学生的情感距离，不断培养学生的文明精神和强健体魄，才能做学生锤炼品格的引路人，做学生学习知识的引路人，做学生创新思维的引路人，做学生奉献祖国的引路人。

分腿腾跃山羊

---

① 朱小蔓、王平：《在职场中生长教师的生命自觉——兼及陶行知"以教人者教己"的思想与实践》，载《南京师大学报（社会科学版）》，2017(3)，67—74 页。

十、情深则趣浓——创设有温度的体育课堂

梁攀攀

梁攀攀，北京体育大学硕士毕业，民族传统体育学专业，武术散打方向，在武术教学方面有丰富的实践经验。国家一级运动员，武术散打国家一级裁判员，国家一级健身指导员。自 2012 年开始从事体育教学工作，现任教于北京中学，中学一级教师。作为课题副组长参  与国家级课题 2 项，多篇论文获北京市体育科学论文报告会、"京研杯"论文评比一等奖，独立承担市级课题子课题研究，获得朝阳区优秀青年教师、骨干教师称号。体育教学中注重学生的实际收获，宣扬中华传统武术文化，曾在全国首届传统文化教育评选中获得"优秀个人"称号，所教学生多次取得北京市、朝阳区武术比赛冠军。"文明其精神，野蛮其体魄"，让学生在体育运动中健康成长是他的追求。

自 2014 年年底开始，北京师范大学朱小蔓教授及"教师情感表达与师生关系建构"项目组在北京中学开展了一系列的情感项目研究工作。从教育叙事工作坊、课堂教学观课评课两个大项目着手，活动涉及多个层面，我持续参与了项目的系列活动，感觉非常接地气。在研究中紧密结合教育教学，参与项目的老师都受益匪浅，我也不例外。活动中的观影活动、青年教师读书分享会、共评一节课等活动更是深入人心，唤醒了我在教育教学中对于"教师情感表达与师生关系构建"问题的思考。

2012 年，毕业后的我选择做一名体育教师。出于对武术专业的爱好和对教育事业的美好憧憬，我努力奋斗在体育教学的路上。执教以来，我经常思

考一个问题，最近这个问题在我的脑海中闪现得更加频繁，有时甚至在体育课堂上也会自我提问：体育到底给了我们什么？练习武术十多年，又从事体育教学五六年，体育带给我的不仅仅是身体上的健康和强壮，还带给了我多方面的成长。在体育教学中，除了促进学生体质健康的提升，更重要的是对学生情感、态度和价值观的培养，这也是体育教学目标中需要教师重点关注的地方。因为情感、态度和价值观的培养并非一朝一夕所能达成的，它只能在教育教学中慢慢地渗透。

参与"教师情感表达与师生关系构建"项目之后，我开始明白一个道理：体育课堂也是师生情感自然流露的地方，体育课堂决不可以只教技能，忽视对学生情感的培养。情深则趣浓。体育课堂上如果没有学生、教师之间的情感交流，而仅仅将体育课堂当作教授运动技能的场所，那是多么悲哀的事情啊！记得朱小蔓教授曾说："基础教育的模式应该是情感优先的……如果有两个小学教师，一个知识水平为 90 分，情感水平为 60 分；而另一个知识水平为 60 分，情感水平为 90 分，那么，我认为后者更有资格上岗任教。"①从事体育教学这几年，我对这个说法深表赞同。同时，我也想通过体育教学加深和学生间的情感交流。

我所教授的课程是初中"体育与健康"，课程中有过程性考核内容，在初一下半学期有体操的内容，其中的一个技术动作叫"鱼跃前滚翻"。在这个单元的教学中，由于动作本身的难度，我发现学生们存在很大的心理障碍。他们普遍表现出胆怯的心理特征，一方面是害怕受伤，导致学生不敢模仿，更不敢做动作；另一方面可能是在教学初期缺乏对教师的了解和信任，导致学生产生胆怯心理，因而课堂上逃避练习。我很理解学生们的这种心理。从技术动作分析，因为鱼跃前滚翻要求有一定程度的腾空，要真正做好这个动作，除了需要很好地掌握技术动作，还要有很大的勇气，尤其是在学习动作技能的初期。所以，在他们看到正确、规范的示范动作以及明白老师完全有能力保护他们之前，他们不敢大胆地进行尝试和模仿。

此时，我想到了在情感教育项目中学到的知识。何不从情感教育入手尝试改变体育课堂教学呢？课堂上注重构建和谐、信任的师生关系，让学生体验到教师给予的关注和帮助，在运动中收获成功的喜悦，从而帮助他们减轻

①　朱小蔓：《教育的问题与挑战——思想的回应》，南京：南京师范大学出版社，2000，199 页。

胆怯的心理，克服困难。于是我从课前对学生的分析到课堂教学实施，再到最后的教学都渗透了对学生的人文关怀。出乎意料的是，我在一节课上就看到了学生的改变，同时也看到了教学实效性的提高，效果立竿见影。那节课学生们练习热情提高了，甚至能够超越自我、挑战自我，做出超过自己应有水平的动作，我甚感欣慰。

下面我从几个方面简述我的做法和教学过程。

（一）学情分析

在开始进行鱼跃前滚翻的教学前，我先做了学情分析。课间和食堂就餐遇到所教的学生后，主动找他们谈心，了解他们在小学阶段学习过哪些体操技巧动作，询问他们是否受过伤以及完成动作的程度。慢慢再引入即将进行的技术动作，全方面地了解他们的水平和心理状态。在谈心过程中我向他们渗透"老师是练习过武术的，能够做出腾空很高的鱼跃前滚翻，并且保护与帮助方法很到位"，让部分学生了解即将进行的教学内容，并建立对教师的初步信任。

（二）教案设计

在教案的撰写方面，我也将情感教育融入教学设计，提醒自己在教学中增加对学生的关爱，在课堂上重视对学生情感、态度的培养。其中，在教学指导思想中我是这样写的："情感培养：帮助学生树立自信，让学生学会赞美，培养坚忍不拔的意志品质。通过观察优秀生和教师的示范，学生将学会鼓励和赞美。通过练习的深入和不断体验、互动，学生在完成远撑前滚翻和鱼跃前滚翻时能够得到积极的成功体验，从而树立自信，不断超越自我。课上教师的不断鼓励和表扬能够激发学生运动兴趣，在身体素质练习时克服困难，逐渐养成一种坚忍不拔的意志品质。"

（三）课堂实施

在课堂实施环节我更加注重对学生情感的呵护。课上我非常关注学生的安全，不断询问学生们的练习情况，逐渐加大难度做出示范动作，并且利用优秀生进行示范，让他们用自己的语言说出动作要领。对于缺乏信心的学生给予特殊的保护与帮助，帮助大多数学生树立自信心，让他们体验到成功的喜悦。除此之外，我还利用图示法进行教学，在白板上写下"我行、我行、我一定行！"等鼓励性语言，学生在观察图示以及动作重难点的时候能够直接看到激励性的语言，从而给予他们鼓励，间接帮助他们树立自信。

另一方面，关注后进生的发展。后进生由于动作质量欠佳，可能在练习和示范时选择逃避。于是我利用大屏幕循环播放示范动作，有连贯动作，也有动作的分解、慢放，课堂设计以学生为中心，帮助学生学会学习，树立自信。我认为朱小蔓教授的一些观点在课上得到了验证，如"情感教育首先要关心学生的情绪感受"。作为教师，在教育教学中不仅应该关心学生的学习结果，更应该关注的是他们的情绪状态，我认为这也是情感教育的基础。如果学生在课堂上缺乏安全感，缺乏对教师的信任，表现出恐惧、自卑的情绪，就很难在学习上表现出积极的态度，更不用提良好的教学效果了。而我作为体育教师，感觉更是如此。因为，部分运动技能的练习存在一定的安全隐患和危险性，此时如果教师仍然不关注学生的情感教育，不注重为学生构建一个安全、有保障的学习环境，无论是从教学效果还是学生的健康发展方面来评价，教学都是失败的或者说是事倍功半的。

（四）情感交流

基于以上的感受和学习收获，在教学过程中，我非常重视与学生的交流。从细节上给予学生人文关怀。以下是一些我与学生交流的片段。

片段1：示范动作

老师：还记得老师说过我能够做很高的鱼跃前滚翻吗？

这时，学生的情绪高涨，部分学生开始呼喊"老师，做一个高的，做一个高的"。

老师：要不老师给大家展示一个难度更大的鱼跃前滚翻？好，大家向后退两步。

此时，教师拿出自制教具，学生协助摆放。

学生1：老师加油，穿过呼啦圈。

学生2：老师，you can do it!

我没有想到，学生体育课堂上也说起英语来了，练习气氛轻松许多。

在我做完示范动作以后，学生掌声雷鸣。

老师：看完老师的展示，现在该你们大显身手了。但是练习的时候要注意安全，注意力要集中。还记得刚才的保护与帮助的方法吗？既要大胆，也要细心。You can do it!

我也跟着学生说了一句英语，学生又开始兴奋起来。

片段2：巡视指导，先走到A组前站定。

81

老师：小周同学，你先带个头，这个高度对你来说小菜一碟，我看见过你成功地做过一个漂亮的动作。

学生1：小周你没问题，有老师保护呢。

学生2：老师，你会保护我们的，是吗？

老师：是的，有老师呢，勇敢一些。现在先想一遍动作，然后大胆做。

说话的同时，我轻拍了一下小周同学的背部，示意他准备开始。就这样，他完成了一个漂亮的鱼跃前滚翻。我一个组、一个组地轮换，帮助大多数学生完成了动作。又过了几分钟后，班里就出现了能够独立完成动作的学生。在课结束前，有同学甚至想要挑战自我，要模仿我穿越呼啦圈的动作，我也赶紧抓住机会，首先是从语言上给予鼓励，称赞他们勇敢、坚强、敢于挑战自我，然后带领全班同学给敢于挑战的同学鼓掌、加油，随即给他们带路，再次做高难度的示范。最后在我的鼓励下，部分学生独立完成了难度稍小的穿越呼啦圈动作，得到了同学们的肯定，也体验到了成功的喜悦。

体育课堂上除了语言的关怀，还可以轻拍一下学生肩膀以示鼓励，或在他动作出现失误后，走过去给他一个安慰，这些都是很容易做到，但是经常被忽略的细节。注重课堂上师生情感的沟通能够很好地鼓励学生，激发他们的潜能。

（五）分层评价

最后的评价环节，我采用多元评价的方式对学生练习情况进行分层评价。让优秀的学生能够感受到自己的动作技能得到肯定，让能力稍差的学生体会到自己的进步，对所有学生的表现都给予了肯定。从学生的眼神中可以看到他们对于自己的表现都很满意，对未来的体育课也充满了期待。

以上这个体育课堂的例子是在接触到朱小蔓教授有关于"教师情感表达与师生关系构建"项目后的一种尝试。我们可以看出，关注教师的人文素养和道德成长是个永恒的话题。教育是具有很强的道德性的活动，因为教师面对的是活生生的个体，他们存在生理和心理上的差异，发展过程中存在不均衡性。这就要求教师、教育者要关心受教育者，帮助、促进受教育者的身心健康发展。我十分认同朱小蔓教授强调教师的人文素质及其人格，尤其是教师的情感、人文素质和道德智慧。

教育教学过程中有许多有意义的事情发生，尤其是当情感教育融入我们的日常教育过程中后我们便可以真正地从学生的角度出发，以情感教育、人文关怀为基石，在教育过程中关心、帮助、促进学生的身心健康发展。作为一名体育教师，我要注意观察学生的校园生活表现，关注他们运动习惯的养成以及体育学科核心素养的提升，从运动能力、健康行为和体育品德上给予学生最大限度的支持，帮助他们成长，促进学生们的身心健康发展。正如朱小蔓教授所说的那样："未来只有有魅力的教师不会被取代。"课堂上增加对学生的人文关怀，体育课堂也需要有温度。只有这样，我们的教育才能成为真正的教育，才能为祖国培育出更多优秀人才。

第三部分：师生日常交往

导读：

在这部分，我们主要选取了作为"班主任"的教师处理班级中的种种"事件"或和个别学生的交往故事。教师对学生的管理，并不只是条条框框的规定，更多的是融入学校日常生活中的交往、引导。"班主任"在中国基础教育中是一个特别的角色，他（她）既是教师，但和一般的任课教师又有着很大的区别，因为班主任不仅为学生上课，更是学生在学校生活中的重要的引导者、管理者、协调者，身负多重角色和责任，因此也比任课教师更多、更深地介入到学生的学校日常生活中。他们有更多的机会和学生进行交往，他们的情感表达、他们处理学生事务的方式，会极大地影响到学生对学校生活的感受、对个体道德发展和社会化的认知。可以说，班主任是实践"教师情感表达与师生关系构建"项目的主力军，他们也是培育具有个人道德感、社会责任感的年青一代的关键力量。

这一部分的文章作者，大多既参与了项目活动中的教学研讨，也参与了项目活动中的青年教师沙龙。他们认同项目传达的基本理念，并通过他们日常课堂管理的实践以及和学生交往的片段，来阐述他们对充满情感人文意味的教师的理解。

《教育是生命的呵护——略说情感教育的目的》一文中，政治特级教师范小江老师在文中体现了他一贯的理性思辨的风格。但这种理性之风完全不会掩盖他内心对学生细腻的关怀和对教育的深邃思考，这种思考是他从作为项目的中坚力量参与的种种活动中发展出来的。

《教育的智慧在于唤醒——"表情包"事件引发的教育思考》一文中，李俊平老师认为教育不是说教，而是唤醒。她通过对"表情包"事件的处理过程的描述，环环相扣、层层深入地去理解学生、启发学生，并把这一事件变成班级文化建设的契机，在事件处理的过程中释放了学生的情感和创造力，改善了师生关系，提升了班级凝聚力。

《用宽容引领学生的教育——学生"拿"了手机之后》一文中，王娟老师充分理解学生的心理处境，给犯错的学生充分的时间进行自我反思，真正做到在尊重和包容中引导学生的品德发展。

《以情动情——"丑小鸭"变成"白天鹅"》一文中，韩莹老师细致地描述了一位略带残疾的学生通过音乐重获自信的故事。同时作为音乐老师和副班主任的她，完美实践了一位教师"以情动情""以乐育人"的教育理念。

《一封推迟寄出的心形信笺》一文中，杲振洪老师描写了一名和家长沟通出现问题的学生的案例。她深知情感沟通在亲子关系中的重要性，担当起"调停人"的角色，帮助学生学习换位思考，和父母建立"心桥"。

《在爱中体验幸福》一文中，教学"老兵"房树洪老师分享了他和学生交往的点滴。这位爱教学、热爱学生的老师发自内心地幸福表白。回顾房老师在参加项目时的公开课，我们深感他是因为热爱而进行的深刻的表达。

《三代同堂话传统，两辈合家忆童年——在情感浸润中组织班会活动》一文中，徐梦莹、王守英老师深谙情感培育之道，她们并不刻意说教，而是创设和学生情感联结的情境，通过游戏的形式让学生体会到自己和传统文化、和家国的联系，做有文化之根的中国人。

《三百天的守望，一辈子的珍藏》一文中，余国志老师展现了一位教育的思想者和实践者的魅力，他尊重每一名同学，希望通过他的教育让每个学生展现独特的个性。作为教育者的他是学生们的守望者，用他的耐心和爱心守护学生们纯真的心灵。在这里，教育是富于挑战的，但更是富有诗意的。

86

一、教育是生命的呵护——略说情感教育的目的

范小江

范小江，特级教师，律师，国家二级心理咨询师，北京市中小学法治名师工作室实践导师，参与部编教材初中七、九年级《道德与法治》的审读与撰写，北京师范大学朱小蔓教授指导的访问学者，《中学政治教学参考》封面人物，在《思想政治课教学》《中学政治教学参考》等核心期刊发表数十篇文章，主持"平板电脑进课堂对学生能力影响之研究""基于学科核心素养课堂评价策略之研究"等数个市级课题通过结题。作为核心研究员参与"教师情感表达与师生关系构建"项目，作为副主编参与编写《教师情感表达与师生关系构建操作手册》（初中教师卷），应《人民教育》《中国教育报》、北京师范大学、国家教育行政学院等之邀给全国多批次的初中道德与法治教师做培训广受好评，一直致力于初中道德与法治的教学，创导"真实真话真情育真人"的教育理念，得到同仁和学生的认可。

（一）教育是人教育

从接触教育学开始，我就学习了关于教育目的的概念，即"教育必须为社会主义现代化建设服务，必须与生产劳动相结合，培养德、智、体等方面全面发展的社会主义事业的建设者和接班人"。随着教育经历的积累和阅读范围的扩大，我发现古今中外、国内外学者论述教育的目的可谓是琳琅满目。《孟子·尽心上》中有"得天下英才而教育之，三乐也"。梁启超说过："教育是什么？教育是教人学做人——学做'现代的'人。"柏拉图提出，"我们可以断言教育不是像有些人所说的，他们可以把知识装进空无所有的心灵里，仿佛他们可以把视觉装进盲者的眼里"，教育乃是"心灵的转向"。苏霍姆林斯基说，在

学校里，知识是不可能毫无感情地从一个脑袋装进另外一个脑袋的。他常对教师说："你不是教物理，而是教人学物理。"

朱小蔓教授说，教育就是人教育。从接触教师情感表达与师生关系构建项目以来，我一直在思考，教育的目的是什么？我认为教育的目的就是求真，求善，求美，说真话，讲真实，动真情，做真人。

在20世纪90年代，朱小蔓教授就敏锐地具有前瞻性地指出，随着信息技术、智能技术的发展，教育如果仍然只是停留在知识的传授上，这样的教育是没有前途的教育，迟早要被机器人替代。真正的教育应该是关注人，关注生命，关注情感的发育、生长，实现人的成长与完善。这样，人的教育就不是机器所能替代的。换言之，机器能替代的就不是真正的教育。人有情感才有存在，智能人替代不了有情感生命的人。

（二）真正的教育是关注有情感生命的人

在2017年9月教育部和中央电视台合作的大型公益节目《开学第一课》中，机器人和郎朗的弟子同台弹钢琴。同一首世界名曲，演绎出的艺术感的差别大家都能判断得出。机器人弹奏出的音乐很完美，没有任何差错，但人演绎的是情感充沛的音乐，艺术与非艺术在这之间就有所区别。还如，电视直播足球赛已经很唯美，镜头可以全方位、全立体，包括特写镜头、回放、慢放。若干机位无死角地直播，给电视机前的观众呈现了直观的赛场实况，但与在现场看球赛相比，在感观体验方面存在着巨大的差距，所以现场看球仍然是球迷的首选。正如朱小蔓教授多次在研讨会上说，我们现场研讨尽管有录音，有视频，有文字实录，但是在现场与不在现场的讨论是完全不一样的感觉，这种感觉就是人与人之间的生命相遇、生命的碰撞，情绪、情感的激发。这是我们的教育所要做的事，真正去触动人心灵最柔软的那部分，从而唤醒、激发学生学习的欲望，调动学生学习的内驱力，让教育在学生身上自然而然地产生、发展、收获，成为一种生活，一种需要，一种自觉。

与大家分享一个案例。萧萧同学作为单亲男孩，与母亲相依为命。母亲要求萧萧每天必须把在学校的所有经历都告诉她。随着萧萧进入青春期，他逆反情绪明显，萧萧抵触母亲的干预，妈妈要这样，萧萧就反着做，贪玩，不交作业，便成了习以为常的事。母亲对萧萧失去了控制，母子俩闹得不可开交，后来找到我从中协调，双方各表所需。我作为班主任，这时是一个公正的法官、耐心的倾听者、心理的导师。我从他们各自的表述中发现了切入点，从他们的神情中找到了矛盾点。母子俩都觉得很委屈，我平静地听着，

88

他们的矛盾焦点逐渐清晰起来。我对萧萧说："妈妈要你如何做是法律赋予的职责，你要履行，这是你的义务。你觉得有不妥，可以提出来，要求落实不了，你可以和妈妈商量，两人平等对话就没有解决不了的矛盾，何况你们还是母子？"听完后，妈妈说："没问题。你觉得我哪不对，你说出来。如果是我错了，我当即道歉。"萧萧就把心中的委屈全部说了出来，大意是觉得妈妈没有给他任何自由的空间和时间，做事稍有怠慢，妈妈就会跟他急。他非常需要有自己的一点空间。我赞同他的说法，跟他们共同商量，有话好说，实事求是地说，彼此取得谅解，如果解决不了，先搁置或者是找我来解决。经过一番商讨，他们彼此都在反思着自己的行为。妈妈为自己对萧萧提出过苛刻要求的事情道歉，萧萧表示理解，也对妈妈表达了深深的歉意。此后，我找萧萧谈心，建议他能够换位思考，体会妈妈的艰辛，已经十四岁的他，要懂得为妈妈分担精神的负担，理解妈妈的生活难处。母子毕竟是心心相连，没有化解不了的矛盾。我们要改变这样的控制与被控制的局面，用真情相互影响、感染对方，让双方的关系走向正常。鉴于萧萧自身的基础，我与他们母子俩共商出一份萧萧个性成长的计划。我在鼓励他的同时也对萧萧妈妈说："相信学生，一切都有可能。"此后，我和各位任课教师对萧萧进行了个性化培养，他所有的作业要求都是单列的。萧萧明确了自己的前进方向，他的生活渐渐地走向了正轨。他以初中二年级学生的身份参加国际建模大赛，获得了一等奖，长跑、辩论、演讲、表演、踢球等处处皆有他的身影。萧萧身心舒展了，他的妈妈也轻松多了，彼此都开心了。我对萧萧妈妈说："对待萧萧，就像对待手中的风筝，风筝自由飞翔与拽着线和谐统一，放风筝才能享受到无限的乐趣。"要走进学生的内心世界，需要师生之间相互尊重和信任，并进行平等友善的对话。于母亲而言，萧萧是儿子，但前提是尊重他是有情感生命的人，而非妈妈手中的工具，萧萧也不是学习的机器，他应该是有思想、有担当、有健全人格的人。我们用生命点燃生命，用激情点燃激情，用心灵呼唤心灵，生命才能够绽放更加绚丽多彩的花朵。

朱小蔓教授指出，情感教育是指在学校教育、教学中关注学生的情绪、情感状态，对那些关涉学生身体、智力、道德、审美、精神成长的情绪与情感品质予以正向的引导和培育。

（三）教育的目的是实现师生情感的真情互动

关于这一点，我和学生康康的一段故事可以很好地来说明。康康是一个积极向上的学生，书法较好，爱好运动，特别喜爱足球。但也曾因迷恋游戏，学习成绩在一段时间一落千丈，他的妈妈感到很着急，母子之间只要一提及成绩，就会剑拔弩张。在我与康康聊天的过程中，可以明显地感知到他对妈妈的不耐烦，嫌弃妈妈太唠叨。通过与他妈妈的沟通，我也了解到他妈妈是急性子，几乎都是指责性的语言，焦虑的情绪表现得很突出。在沟通过程中，我跟康康妈妈说得最多的就是：别急，成长需要过程，不要总以为学生会什么都按照你的要求去做，他有自己的想法与个性是正常的。在与康康交谈的时候，我认为他可以成为很优秀的人，妈妈之所以焦急，是因为其两个表哥都因为迷上电子游戏从名牌大学辍学，她担心康康也会出现这种情况。多次与康康沟通后，康康深刻理解了妈妈的担忧。面对双方都很焦急、厌烦的情绪状态，作为班主任，我首先要做的是稳定他们的情绪，打消彼此的疑虑，用真心换真心的方法，让彼此都冷静下来，多一些耐心与包容。在学期临近结束的时候，其父母有意让康康去德国研学一个月，但前提是他要有良好的表现。我赞同这一做法，告诉康康要有坚强的意志，要做目标明确的人，建议他挑战自己，严格要求自己，向着更高的目标努力奋斗。事实上，这个契机很好，康康取得了很大进步。正如他自己所说，他重新认识了自我，找到了自我。我认为康康显然属于有上进心的学生，之所以会选择打游戏，是因为学习难度低，挑战性不够。利用这一特点，我、康康及他的妈妈达成三方协议。妈妈不要太着急，有话好好说。康康是想进步，也能进步的学生。我们就一方面监督，一方面给予鼓励，给双方支持，构建一个很好的学习共同体。康康对自己的发展目标清晰、客观了许多。经几方的共同努力，他的书法作品获得全国一等奖，参加了全国足球冬令营活动，以初中生身份参加国际建模赛进入复赛，和同学募集资金做公益项目，赴山区小学支教……他妈妈已不用多操心，只期待着花开。尊重学生的兴趣与爱好，允许学生犯错，允许学生用时间来努力纠正。当认同了老师、父母的期待，学生就一定会努力，也能够努力去发挥自己所能，向着更好的自己奋斗和前进。这是教育所要做的，也是能够做的。给学生一些空间，他将会展现一个精彩的自我。所以，在我看来，情感教育能孕育最好的教育。

我们通常说有什么样的教育，就有什么样的师生关系，有什么样的教育观，就有什么样的师生观。最好的教育在最好的师生关系之中。我在北京中学带的 2014 级学生，从懵懂的六年级小学生到八年级初中生，他们以优异的中考成绩展示了三年来的学习成果。我用我的行动带动他们的行动，用我的习惯促进他们养成习惯，用我的爱好影响着他们的爱好，用我的激情点燃他们的激情。阅读、锻炼、谈心……搭建了我们之间沟通的桥梁。中国古语说：一日为师，终身为父。构建亲情的关系，就有了人与人之间的高度联结感。王国维说"教育之宗旨何在？在使人为完全之人物而已"。即体能、智力、感情和意志全面发展的人。完全之人物应当本真、善良、美好。所以在师生相处中，情感不经意间地自然流淌才是最好的状态，才是真教育发生的应然状态。

课堂上学生没有带教材，老师不责怪，自然地把自己的教材给学生；进教室后，黑板没擦，老师顺手就擦干净了；学生挂在椅子上的衣服掉了，老师弯腰帮学生捡起；后排学生看PPT不清楚，很自然地让他上前来看；刚上课不久就有学生申请去洗手间，老师很自然地示意可以去；学生生病了没来校上课，再次来校后的一声问候等，都是不经意间的老师对学生的真情流露，是人性的真善美，是构建良好师生关系的自然机遇。校园内见面打招呼，学生亲切地称教师为"李妈""张爸"。在操场上，球在老师的身边，一个亲切的平辈的招呼"小江，帮我把球捡过来"，旁边同学会意地笑着，球送过去了，师生都笑得很开心。我认为，这是教育的原生态，教育是人与人之间的真情、真实的交流与互动。师生关系是人与人的平等关系。这种平等关系又正是教育的精髓。最好的师生关系意味着平等的对话，师生只有看问题的前后、深浅与角度差异，没有身份上的限制，学生和老师都有充分表达思想的权利和自由，实现了平等对话，才能有彼此真正的倾听和尊重，才有了生命的唤醒与激励，教育的目的才能真正通过这样的情感交流与互动高效达成。

（四）结论

朱小蔓教授认为，教育最主要的是教学生通过读书、明理，做好人，诚实守信和守法，不走捷径，可以自食其力、自立于世。透过心，通达人的内心，是教育活动的本质。教育不是要培养人上人，也不是要培养人下人，而是要培养人中人。因此情感教育是从情感呵护与建设入手，它孕育开放的、自由的、活泼的、舒展的学生心灵与情感状态，是一块播种并生长真、善、美人格品质的丰茂绿地，这是我们教育人应该共同追求与践行的教育理想之地。

二、教育的智慧在于唤醒——"表情包"事件引发的教育思考

李俊平

李俊平，数学学科高级教师，中学特级教师，"华杯赛"高级教练员。曾获国家基础教育司教学一等奖、全国初中数学联赛金牌教练员、省骨干教师、市级青年拔尖人才、市级优秀班主任等荣誉，参与8项课题的研究，主研的课题"让数学走进生活"校本课程探索与研究获教学成果一等奖，辅

导的学生有近百人获得国家级一、二、三等奖，2018年至2019年两年来带领学生参加国际数学建模大赛，一支队伍获中华赛区特等奖、一支队伍获国际赛特等奖提名，四支队伍获国际赛区一等奖、中华赛区一等奖，个人撰写或与别人合著多本著作，发表文章多篇，现任北京中学初中数学教师。

你见过种子发芽的瞬间吗？大部分人可能都会说，没有。是的，种子发芽的过程是在我们不知不觉中进行的，这才是它们正常的生长节奏。

唤醒种子的发芽与唤醒学生内心的责任有异曲同工之妙。

唤醒的价值与种子的力量给我们的启迪是：让我们轻轻唤醒学生内心的种子，至于发芽、开花，就留给学生自己吧。保护好学生的自尊，呵护好学生明净的心灵，让他们见微知著、触类旁通、自觉自悟，在成长中收获自尊、自信，树立生命价值意识。当有一天，学生惊喜地感受到一种跃动的活力、一种难以遏制的生命激情与力量的时候，教育也就触及了其真正的本质——唤醒，这也正是我所理解的情感教育的精髓与智慧之所在！

下面我给大家讲的是发生在我所在班级里的一个小故事——"表情包"事

件，以及由此引发的教育思考。

（一）表情包事件

我是一个习惯急匆匆赶路的人，因此平时总怕忽略了同事或学生的问候，所以只要看到人，就主动打招呼"你好"。2016年9月开学第二周的某天早上，我正拎着书匆匆走向我所任教的初二（五）班所在的四楼，听到有人喊"李老师"，我只是用惯有的跟学生打招呼的方式回应，因为赶时间我甚至连头都没来得及抬，继续往楼上走。

"李老师！"同样的声音再次响起。回过头，隔着两三个台阶，我看到了小冬，他正倚在楼梯的墙上不安地看着我。通过近两周的磨合，学生和我亲近了不少，这个在我眼里很正直的男孩有什么烦心事呢？我朝他走了过去："怎么了，学生？"他说："老师，您看我给您发的微信了吗？"我说："不好意思，老师还没有看。"他说："老师，您先看看再说吧。"说着接过了我手中的书。

画面太美我不敢看

我随即打开手机，在小冬给我的聊天记录里，看到微信截图上一个表情丰富、闭着眼睛、滑稽可笑，并且配有文字的关于我的表情包，下面写着：画面太美，我不敢看，还有一个小笑脸。小冬给我介绍，这是他从朋友圈里截下来的，并说好多同学开始做不同人的表情包，反对的、起哄的都有。小冬是一个正直的男孩，我征求他的看法，他说他也不知道怎么看这事，只是觉得这样不尊重老师，也不尊重同学，相互取笑还影响学习。我感谢小冬能及时跟老师反映情况。

（二）内心纠结

看着这个画面，我越看越气，真想把这个同学立刻从教室里拉出来，跟他理论理论——上课不好好听讲，竟偷拍老师照片，还做成表情包发到朋友圈。我气愤的头脑里不断闪现怎么"收拾"恶作剧学生的画面：对！今天不让这个学生上课，让他写检讨好好反思，认识错误。但很快又否定了自己的想法，不行，这样能起到怎样的教育作用呢？顶多是让学生给自己道个歉，不仅毫无育人的价值，反而还显得老师小心眼。接着我又想出第二种方案，让那个学生在班里做检讨，以儆效尤，让这种事情不再发生。可是这会有好的教育效果吗？不，那只会打压学生们的创造灵感，同时有可能让学生的心灵

92

之门从此关闭，不再沟通，不再展现自我，这不符合培养学生基本素养的理念。我自言自语地反复思量。怎么办呢？

（三）情感与教育

在听了朱小蔓教授的情感教育课后，她的思想启发了我，我认识到在教育教学中要更加关注学生的情感品质，领悟到优质的情感是孕育人性真善美的种子，进而感受到只有将情感教育潜入到人类灵魂最深处才能感悟生命神奇的魅力，让我们感受到教育的真正力量，感受到教育的本质意义在于唤醒智慧，培养自由而完整的人。每一名学生都有丰富的心灵与巨大的潜能，他们的内心世界就像一个藏满宝藏的盒子，在这个盒子里，有智慧、有理性、有意志、有品格、有美感、有直觉……如果我们不能揭开人类心灵的神秘面纱，我们就无法真正地理解教育的真谛。每一个生命都是美丽的存在，都是一粒生命力旺盛的"种子"，只要能提供给它必要而适合的阳光、水分和营养，并保护其不受外力所伤害，它就能正常地生根、发芽、开花与结果，长成它最好的模样。所以在学生的成长过程中，我们要给予他们足够的耐心和信心，留给他们足够的成长空间和时间去经历。

这时我又想到了北京中学夏青峰校长在一篇文章里所写的"教育的重要目的之一是如何让人成为人，让自己成为自己，促进学生全面自由成长"。要让学生真正享受学习、自由成长，在此基础上让学生学会生活、学会学习、学会共处、学会创新。夏校长还说："班主任，是学生精神成长的主要关怀者，也是最应该把握教育规律的人。在班主任的核心素养中，最关键的是与学生心灵呼应的能力，这种能力不在于技巧，而在于心与心的交流，与学生交流要淡化技巧、扩大胸怀、增强教育的敏感度。""核心素养是一个有机整体，培养学生具体哪些方面的能力，需要我们用整体的眼光看待和思考，不应该碎片化地分割，不能采用头痛医头、脚痛医脚的教育方式。"当这些教育思想在我脑海中浮现的时候，我为刚才生气时简单粗暴的想法而惭愧，同时也为自己权衡利弊的"教育机智"而感到庆幸。多年来我们的教育一直强调以人为本，可落实到行动中，却经常背离了这种精神。

我很快平静下来，"生活即教育，教育即成长"，何不将这个事件像数学题一样进行一个"变式"呢？虽是学生的恶作剧，却也体现了学生们与时俱进的创造力。

（四）换种思路

"不是风不来，而是窗未开。"唤醒不只是依靠外界的力量，更重要的是一种自我觉知与自我唤醒的觉悟与力量。《大学》中说，"顾諟天之明命……克明峻德……皆自明也"。我们要顾念、理解上天赋予我们光明的禀赋，弘扬自己天赋里的智慧与品德，所有这些宝贵的天赋潜能的开发与发展，都需要我们自己自觉彰明并将其显现出来。

教育要注重"唤醒"，而不是强行地灌输。当学生的求知欲被唤醒之后，学生就会自觉主动地去探索未知的世界，而这个探索的过程也就是学生自我唤醒心灵智慧的过程。教育是为了引导学生进行自我教育。当学生有能力进行自我教育的时候，他就会全身心地投入学习与生命成长的体验中，这个过程也培养了学生独立思考的能力。学生有了自我思考的能力，也就有了明辨是非的能力。

学生们成长了，学习、创新便是件快乐的事。"做班主任要善于因势利导，随机应变处理各种意料之外的问题，有了这种能力，教师就能在复杂多变的情境中，做出最合理的决定，采取最恰当的教育方式。""为学生打开一扇窗，点燃学生心中那份热情、努力、创新之火！"我心中生成另一种截然不同的教育方案。

（五）临时班会

我决定临时开一个 10 分钟的班会。我把这个"表情包"发到了班级微信群。学生们看到这张图片后，立刻安静了下来，面面相觑，他们大概在等待老师的"雷霆大怒"吧。看着学生们这副诚惶诚恐的表情，我哈哈大笑起来，同学们也控制不住地笑得前仰后合。之后，我笑着问："这个问题同学们怎么看？谁来说说自己的想法？"学生们又都低下了头，默不作声。等了一分钟，我表扬了同学头脑灵活，具有创造性，之后我又对同学们进行了简单的普法宣传，给他人做表情包没问题，但是如果在网上公开发布是要经过本人同意的，否则就是侵犯他人的肖像权，要负法律责任。之后我话锋一转，笑着说："要想这次不追究责任，这个周末每人至少做一个表情包，可以是其他老师或同学。如果能征得学校领导同意，我们五班来一个表情包比赛，评出一、二、三等奖，怎么样？"同学们立刻欢呼雀跃，纷纷表达自己的设想。给我做表情包并发到朋友圈的男生反应最为强烈，他成绩不是很突出，平时表现也不是很积极，但这次却几乎要跑到讲台上发表自己的想法，因此我把这个机会给了他，让他收集同学们的建议，并作为这次活动的总策划。我将这个活动向学校领导汇报并得到了支持。学生们展示出了自己的技艺，表情包做得惟妙惟肖，图文并茂，收到了意想不到的效果。

（六）趁热打铁

在大部分的学校教育中，在教室内的知识学习几乎成为学习的全部，学生们缺少个性化学习的体验。没有了异想天开的问题探究，缺少了科学探究能力的培养，个性的成长就没有了自己的"土地"。

目前教育领域正在倡导跨学科学习，即"项目学习"或"项目研究"的课程。这种课程所倡导的教育理念不仅仅是知识的传授，学习的空间也不全在教室内，而是让学生们带着问题去学习、探索，给予学生们一片自由学习、自主探究、个性成长的肥沃"土地"。同学们做的这个"表情包"比赛，之所以获得这样好的效果，正是源于顺应学生"学"的"土壤"。趁着学生热情未减，我乘胜追击将这个活动又进行了拓展。学生可自愿结成小组，为对方做"表情包"，我把学生的作品作为班级文化张贴在班级宣传栏中，成为班级一道亮丽的风景线。这些物质的、显性的文化载体丰富了学生们的生活，蕴含了学生们的智慧以及创造力，让学生们体会到"这个世界因我更美好"的真正含义，同时也领悟了"学会生活、学会相处、学会学习、学会创新"的意义和价值，对学生核心素养的培养与提升起到了积极的引导作用。记得复旦大学陈果老师曾经说过：教育就是如此神奇，你永远不知道，你不经意间播下的一颗种子，会在哪些人的心中、会在哪些时刻，生根发芽并开花结果。班主任就是播种种子的人。

（七）成果延伸

我继续把"土地"还给学生，并以此作为班主任教育方式转变的一种实践。借此活动我着力把班级营造成为一本立体的教科书，"表情包"越做越丰富，创意越来越多，学生们的内心滋长了责任、兴趣与创造的快乐。

同学们兴趣越来越浓，不断开辟新思路，产生了系列的"表情包"微创作：以小吴同学为组长的"葫芦娃"书法绘画小组；小冬领导的"居敬守静"文学创作组；小华组织的"北大清华愿"梦想组；小禾牵头的"出国留学"互助组等，这一个个小组织承载着这些有共同追求、爱好和梦想的学生们在各自的发展中逐渐找到自己的位置，学生们一有时间就奔向自己喜欢的"土地"，甚至连他们最喜欢的游戏也不玩了……

看着这些充满朝气、幸福快乐又专注的学生，我不由得想到：学生们的幸福正是源于学校制定了为学生们的全面发展、个性发展提供更好、更人性的服务的理念。

（八）唤醒幸福

教育的目的不仅在于传授和灌输某种外在的、具体的知识与技能，还需要从心灵深处唤醒学生的自我意识，促使学生价值观、创造力的提升。教育的过程也不仅是要从外部解放学生，而且要唤醒学生内在的人生理想，解放学生的智慧，发展学生的潜能，激发学生的创造力。

教育最需要的是情感与智慧。有了这两者，很多问题就不再是问题。

"表情包"这个事件很快就会成为一个"过去时"，但更多新的故事还会继续。我相信，学生的心智被唤醒了，他就会留心观察周围的世界，探究其中的道理，并思考怎样与世界发生联系。在这个探索的过程中学生自然会得到锻炼，并找到自己生命的意义与方向。我还相信，在这样的氛围中，我们的学生一定会团结协作，不断创新，突破自我。

遇见学生，遇见更好的自己，做一个有情怀的教育者，是我毕生的追求。做班主任 20 多年，我把"与学生共同成长，相互唤醒"当作自己的责任和使命。如何让每一个学生的个性和爱好得到充分的彰显？我认为班主任首先要有担当，为学生甘愿做一颗温暖的铺路石，这样才能激发学生的力量。我也一直鼓励自己做个有梦想的人，因为有梦想的人不会因为年龄而停留在当下抱残守缺或者满足已有的成就，坚守理想、不忘初心，这样才能对学生责任如山、担当如铁、奉献如常。

三、用宽容引领学生的教育——学生"拿"了手机之后

王　娟

王娟，中学一级教师，朝阳区优秀青年教师，北京中学优秀党员。积极参加各项比赛，论文《课题因学生自主而深刻》获得北京中小学教育征文二等奖；课例"青藏地区——基于游学活动设计与iPad互动的学习"被北京市教育委员会人事处评为优秀教学案例；多次参加首都
原创课程资源比赛，获得二等奖。积极承担多项市、区研究课题。作为核心成员参加范小江老师主持的北京市教育科学"十二五"规划课题"iPad进课堂对学生能力影响之研究"顺利结题，发表论文《利用iPad辅助地理学科个性化学习的实践研究》一篇；参加首届北京市青蓝计划，申请课题"立足地理实践力培养的初中学生研学旅行地理活动体系研究"，顺利结题；参与北师大"教师情感表达与师生关系构建"项目，缩写文章《用宽容引领学生的教育——学生"拿"了手机之后》被收录到班主任经典案例系列丛书中；参与地方教材《生命生活生态》的教材修订工作。

对于多数学生来说，北京中学是一个学习环境比较宽松、对自主学习要求比较高的学校。在北京中学，每名学生手中都有学校发的平板电脑，不过学校的平板电脑还是难以完成与家长打电话交流的任务，因此，同学们几乎是同时带着平板电脑和手机。现在学生们的家庭条件都不错，几乎不会出现丢东西的现象。但是在我所管理的班级内却出现了一次学生丢手机的事件，作为班主任的我当时束手无策，我既苦于无法抓住"真凶"，又苦于无法向学生和家长交待。经过我和学生们一系列的努力，事情得到了比较完满的解决。

（一）"案件"回顾

　　和往常的每个周三一样，七年级同学们都要前往走班教室上课，前两节课都不在教室，第三节课又是在操场上进行的体育课，直到第四节英语课同学们才回到教室，这时小F突然想起前一天的作业还在手机里，于是急忙在桌斗里找手机。可是，手机不见了，从桌斗到柜子到整个教室，小F加大了寻找范围后依然无果。当天早上小F明明是将手机关机放在了桌斗里，可是怎么转眼就没了呢？这毕竟是一个价值比较高的手机，难道才买了半年就不翼而飞了吗？找寻无果后，小F沮丧地将这件事告诉了作为班主任的我。

　　我跟小F一起重新分析了一遍"案情"。首先调监控录像，确定前三节课没有校外人员进入教室，排除了校外人员作案的可能。然后又把上走班课坐在小F座位上的每个同学都询问了一遍，大家都说没有看见。当时我们分析手机丢失可能出于某位走班同学的恶作剧，可我在每个班里询问时同学们都一口咬定自己没有恶作剧。一天寻找未果，我一直安慰小F，手机一定可以找到，老师一定尽最大的努力把事情调查清楚，请他相信老师和同学们。沮丧的小F脸上露出了微笑，那是信任的微笑。

　　第二天，在早自习、午自习、晚上放学三个时间段的班级集会时间，我一直给全班学生做思想工作：小F的手机有定位功能，开机肯定能够发现，不要抱有侥幸心理；财物不是自己的，不可以拿在手里不给别人，等等；企图让"拿"东西的同学存在心理负担，不能轻易开机。既然手机不能开机，拿着也没有什么作用，就可以尽快站出来承认。我们能想到的都已经做了，接下来只有等待。这个过程很痛苦。在之后的几天中，我多次旁敲侧击地跟同学们说手机还是没有找到，但是觉得肯定是有同学拿错了，是不是不记得了。我一直没有轻易地把"偷"字提出来，因为如果这样定性的话，学生更加有心理负担，更加不会拿出来。

　　在这期间，我一直安抚小F的家长，向家长承诺一定会进一步调查，请他们耐心等待。同时，也请家长配合，如果学生手机开机，显示了定位，请第一时间告诉我们。小F的家长特别理解我的做法。对于小F，每次见到他，我只能抱歉地摇摇头，学生也很懂事，虽然心情很不好，但是他知道同学、老师、家长都在努力地寻找，有一次他还安慰我说："老师没关系，您把所有的线索都用过了，虽然现在还是没有踪迹，但是我相信奇迹的出现。"听到这样的话，我的心瞬间被温暖了，暖于小F的体贴入微，暖于他的大度。小F

既没有苦苦追究学校，又能替同学老师着想，这样反而让我心中的压力更大了。

突然有一天，班里的同学小M给我发微信了。小M是我之前一直调查询问的对象，小M向我坦言这只是一次恶作剧，她把手机放在自己的柜子里，由于柜子没有上锁，所以手机再一次丢失。本来是一场恶作剧，但是恶作剧之后手机再次丢失，所以才没有告诉同学和老师。虽然在小M的陈述中线索再一次中断，但是找到手机的希望重燃，"案件"终于有了进展。

于是我又开始做小M的思想工作，引导小M说出何时把手机放在柜子里，什么时候发现丢失的，让学生把每个细节说清楚。但是学生迟迟没有说明白。每次谈心，学生都默默不语，既不反驳也不解释，我猜想学生应有什么难言之隐。在形成证据链之前，作为老师，我不能轻易认定就是小M"拿"的手机。于是，我和小M一起找手机，一起回忆其中的经过，我一直耐心地陪着小M，过程中我甚至猜想是不是其他学生的恶作剧，并不是小M拿的手机，我不能冤枉任何一个无辜的学生。所以站在小M的角度思考，每次的问询和聊天我都没有用过激的话语刺激过她。我相信学生的本性都是善良的，没有天生的窃贼，但同时我又想到人都有趋利避害的本能，可能这个阶段的学生还没有成熟，有些学生可能还分不清自我和他我，认为东西都是自己的，没有他人的概念，看到喜欢的东西就想拿过来使用。在之后交谈的过程中，我发现小M总是不能正视我的眼睛，在她的眼睛里我看到了害怕和恐惧。我的直觉告诉我，学生觉得这个事情太大了，没有足够的勇气承担拿别人东西的后果。于是，我跟她聊同学关系，以及跟这件事无关的事情，让学生打开心扉，引导学生说出实情。终于小M用细细的声音跟我说："老师您放心，下周一就会真相大白，请您耐心等待。"

终于在手机丢失的第八天，小F在书中发现了手机。小M终于将手机放回到了小F的抽屉里，手机物归原主。找到手机之后，我没有在同学面前过多地描述这件事情，只是轻描淡写地说了几句，提醒学生们以后加强保管个人物品，就这样手机风波过去了。手机已经回归，至此之后，班级再也没有出现丢失手机的现象。

（二）心得感悟

回顾整个"案件"，我们尽可能给了小M自己承认错误、弥补过失的机会，最大限度地对其心灵进行了保护，其间也得到了同学和家长的支持，解决了一个棘手的问题。回顾自己处理问题的方式，我想分享以下感悟。

首先，打破幻想，说明问题的严重性。

偷盗价值不菲的手机，按照国家现行的法律法规，可以构成犯罪，学校可以选择报警，虽然我们没有这样做，但问题的严重性必须要跟学生说清楚。于是利用班级会时间，我给全班学生做思想工作：手机有定位功能，开机肯定能够发现，不要抱有侥幸心理；不是自己的东西不能要，幼儿园教育就有此强调；从法律角度说，偷拿别人的手机已经构成盗窃罪。作为未成年人，全体同学以及老师可以给予机会，可以等待，但是机会和等待不能太久。这一方面对"拿"东西的同学进行了心理震慑，促使其尽快出来承认。另一方面对其他同学来说也是一堂生动的法治教育课。

其次，宽严相济，传递班级的友善。

因为有了一定的眉目，在正面接触"嫌疑人"之后，事件赢来了转机。尽管我在班级会上说到了这件事，但是一直没有把"偷"字提出来。我觉得，正如古人所说，偷虽比抢要危害小，但是偷盗贼可恶可恨。未成年人是敏感的，若说出"偷"这个字，给学生的影响也许是终生的。

我安抚小 F 及其家长，请给同学机会，事情至少是有眉目的，这只是时间问题。全体同学和当事学生家长特别能理解，接受了我的建议。正是这样的耐心，使转机出现了，小 F 说，班里同学给他发微信，说自己错了，手机是她拿的。宽与严的相济，让事情有眉目。但事情并没有就此解决。

最后，换位思考，学生真不是"偷"。

小 M 承认拿手机了。放在柜子里，但又找不着了。手机去哪了呢？我们一起分析，手机什么时候放在柜子里的，什么时候再次失踪的，与学生一起回忆每个细节，看上去时间长了，真记忆模糊了。换个角度思考，就是一个大恶作剧而已。正如平常生活中，拿着钥匙到处找钥匙。学生本性是善良的，她家里条件也很好，应该没有理由去"偷"。事实上，有些学生年龄上尽管属于初中阶段，但有时分不清东西是你的、我的还是他的，喜欢这个东西就想拿过来使用，哪怕是藏一藏、看一看，都有一种满足感。学生心智上的不足，导致类似事件的发生。我用这样的心态对小 M 进行了多次沟通引导，让学生把心灵打开，最终促使她主动归还手机。

（三）事件启示

"案件"中的当事人小 F 及其家长以一颗至善的心对待犯错的同学，给同学提供了足够的空间成长。也许小 F 现在感受不到，将来却一定可以感受到人与人之间这样的宽容有多么重要。而对小 M 来讲，一定会留下许多值得她回忆的东西：老师与同学的友善、包容、耐心与理解。作为北京中学的一分子，她也会感谢自己能够成长在北中这片净土中。而我作为一位新手班主任，从中也收获了许多有益的启示：要真诚沟通，尊重客观事实，遇事不做主观臆断、先入为主，以善良、宽容、尊重、平等、友爱的心态对待每一位同学；与家长、班级同学达成高度默契，凡事都可以从积极的方向考虑，给彼此时间与空间，哪怕慢一点，只要能取得好的育人效果，一切都值得等待。教育是慢的艺术，用宽容涵养学生，引领学生走向远方。

四、以情动情——"丑小鸭"变成"白天鹅"

韩 莹

韩莹，北京中学音乐教师，高级教师，中国奥尔夫协会 COA 注册高级讲师。2001 年毕业于北京师范大学艺术系。自 2009 年至今连续四届被评为北京市音乐学科骨干教师，朝阳区音乐学科带头人。本人专注于小学低年级课堂研究，积累了丰富的课堂教学实践经验。多次承担市区级教学研究课，在北京市优秀教学设计、微课程、优秀教学资源、京教杯评比中多次获得优异的成绩；撰写的多篇论文获奖并发表。所带舞蹈团及合唱团多次获得市区级一、二等奖。

2017 年 9 月，我告别了自己工作多年的学校，来到"北中大家庭"，踏上了新的教育之旅。初到北京中学的我既担任音乐教学工作，同时又担任了小一班的副班主任，协助班主任开展班级建设工作。由于教师人数少，所以班主任需要从清晨到傍晚全程陪伴学生们一天的学习生活。正当我思考、设计如何更好地开展班级活动，完成好班主任和学科教师双重身份的工作时，我有幸参与到北京师范大学朱小蔓教授领衔的课题"教师情感表达与师生关系构建"项目组的研究中。项目研究让我重新审视了自己多年的教育工作，并注入了新的教育理念，促使我建立更具人文关怀的师生关系，让我和学生们在相互交往中得到心灵的滋养。

作为一线音乐教师的我，在从教的 21 年里一直担任副班主任的工作，协助班主任开展班级建设工作。随着时间的推移也越发感到班级工作在校园生活中的重要价值。

（一）师生交往即情感的交流

苏霍姆林斯基曾说过："老师有权利表露自己的情感，因为他（她）不是无形体的天使，但所有的情感都要在尊重人格这一最主要的背景下展现出来。班主任的工作繁杂琐细，如何表达情感、调适学生的情感，同时也调适自己的情感确乎是一门艺术，也是其人文素养，特别是情感素养及能力的反映。"①

教师对学生的情感需求要保持敏感，不仅要能准确地识别学生的情绪情感（包括识别面孔、识别内心），而且在识别的同时要做出恰当的应对，包括体态、口语的应对，或是观察、倾听，或是语言交流、行为援助等。教师要学会艺术地表达声音的音量、频率、语调、节奏等，这些都与特定情境有关。教师的话语是一种表达的艺术。教师的肢体表达、语言表达要尽可能准确、细致。苏联教育家苏霍姆林说：如果一位老师能够用30多种语速、语调、频率、声响、体态表达同一句话"学生，请你过来吧"，那么，还有什么样的学生不愿意跟你合作呢？班主任老师的情感素养及能力虽然人各有异，其中个体先天遗传条件、性情、天赋不同，但后天培养和努力更重要，包括对学生、对自己情绪情感的认知，与学生情感交往的方式、技能和艺术，都需要在职前和职后的教师教育中持续学习、不断积累和自我修为。②

更为重要的是，班主任与学生的关系，大量的是处理与情绪、情感、态度、道德价值观相关的人和事（即便是学业事宜，依然是与态度价值观相关的）。在这个过程中，教师并不必然是先在的、至高的道德权威，教师必须主动向学生表达关怀，并在其后的日子里反复求证、验证自己情感、行为方式的恰切性。因此，班主任要成为关心关系的构建者，要通过不断促进师生相互了解、相互塑造对方提升构建关心关系的专业能力。诺丁斯在《学会关心——教育的另一种模式》一书中认为，教师不仅要表达关心，而且要有关心的能力，有能力去构建和学生之间的关心关系。当学生感受到了教师的关心，并且对教师的关心给予反馈，教师才能从中汲取正面的能量，获得对自己职业的价值认同。

记得在骨干教师培训班中，一位教育前辈曾经说过："要想做好教师工作千万别忽略了班中的丑小鸭。"我深深地为"丑小鸭"的故事而感动，这个故事也一直导引我的工作方向，因为我知道孤寂的心灵，更需要关注。用心雨去

---

① 苏霍姆林斯基：《给教师的建议》，北京，教育科学出版社，2014，58页。
② 苏霍姆林斯基：《给教师的建议》，北京，教育科学出版社，2014，99页。

滋润，再丑的"小鸭"也一定会变成"白天鹅"。一年来我在班主任和学科教学工作中，真切地感受到学生心灵的滋润、情感上的成长。这里的成长包括班内所有的学生，自然也包括大家眼中的"丑小鸭"、我心中的"白天鹅"天天同学。

（二）"丑小鸭"变身"音乐小达人"

天天由于染色体变异造成神经发育受阻，影响到腿部和上肢神经，走起路左摇右摆，站在原地轻轻碰撞就会摔倒。这样一个有着先天残疾、心灵脆弱的小男孩，课上的自控能力极差，随意在座位间走动、出怪声，津津有味地吃自己的铅笔盒，弄得书上本上都是口水；课下他恶作剧般地把满是口水的笔往别人身上抹，故意追跑打闹招惹同学，小便时还会故意尿到别人的身上，我耳中不断有人告状："老师，天天他又……"很多同学都不喜欢和他挨着坐。但就是这么一个大家眼中的"丑小鸭"，却对我的音乐课十分喜欢。

为了激发学生学习音乐的兴趣，全方面地引导学生逐步形成良好的音乐学科习惯，教学中我开展了"音乐小达人"的评选活动，设计、制作、购买了相应的音乐评估卡。积分卡分为小小演奏家、小小歌唱家、遵守规则、音乐的耳朵、主动交流五种积分卡，引导学生不断超越自己，做最好的自己。学生们经过努力都有了不同的变化，得到了宝贵的音乐积分卡，只有个别同学没有得到。

一次音乐课结束后，天天偷偷来到我的办公室，他没有自信地难过地哭着对我说："韩老师，我也想做好学生，我也想成为音乐小达人。"此时我的心被震撼了，我忽视了学生的感受，忽略了应该给他多一份关爱。作为一名教师、一位妈妈，我决心用教婴儿学说话、学走路的耐心去帮助他树立自信，让他体验到收获的喜悦。我和天天约定"做最好的自己"。音乐课上大家接龙演唱音阶时，我惊喜地发现天天的音准和音色都非常好，于是我就当着全班同学邀请天天来当我的音乐小助教，班里的学生们听到都满脸怀疑地看着我。不过没想到当同学们在演唱中出现问题时，天天给大家做出的示范出奇的认真、标准。就这样，他只要给同学们这样的帮助，就会得到一个"积分卡"，当他得到15个"积分卡"的时候，我就会送给他一份小小的奖品。从此，天天在音乐课上再没出现过随便下座位或是出怪声的情况，他所展现的是主动参与、遵守规则、乐观自信的自己。

（三）"丑小鸭"在宽容中成长

朱小蔓教授指出，情感教育是指在学校教育、教学中关注学生的情绪、情感状态，对那些关涉学生身体、智力、道德、审美、精神成长的情绪与情感品质予以正向的引导和培育。激励性的评价虽然使天天在音乐课上有了不小的进步，但他在课下还是调皮捣蛋控制不住自己的行为，告他状的同学依旧很多。改掉坏习惯，还需要一个过程，需要同学和老师的理解、宽容和信任。而"宽容"正是交往中的一种好习惯，我何不利用对天天的教育，促使其他同学学会宽容？于是，我在班里开展了"夸伙伴，助伙伴，做朋友"的系列教育谈心活动。起初，每发现天天的优点时，我都会大张旗鼓地表扬，毫不吝惜地鼓励，以此来暗示带动同学们，用宽容之心去关注天天的进步，渐渐地有越来越多的同学表扬天天。

"老师我发现了天天进步了，以前他总是接话茬儿，现在他很少这样了，我想他肯定会越来越好。"

"老师，天天进步了，今天他是课间巡逻小班长，课间他站在楼道提醒同学们'让我们的课间静悄悄'，我觉得他很爱集体。"

"老师今天中午我看到天天在给花草浇水。"

我把这些来自日常的学生反馈收集起来，召开了"夸伙伴，做朋友"的专题交流活动，在相互夸奖、彼此表扬的过程中，同学们看到了宽容的力量，学会用真诚来交往。我们的集体变得和谐团结了。

由此我真正明白了：培养学生的好习惯，教师要唤醒自己、学会欣赏，也唤醒学生、学会喝彩，开启学生的心灵之门，使颗颗心灵自然地沟通，相互理解、互相欣赏，把培养好习惯落在更深的层面上。帮助关爱一个"丑小鸭"，纠正不良习惯，更是对教师天职的考验。

我们都知道有什么样的教育，就会有什么样的师生关系，有什么样的教育观，就有什么样的师生观。哪里有师生，哪里就有真正的教育。最好的教育就在最好的师生关系中，由于我在课上课下对天天的帮助引导，我荣幸地成为天天的"知心姐姐"，我的真情换来了天天的真情。

一天中午午读时间，天天悄悄地走到我的跟前，离我很近很近，向我倾诉："老师，奶奶喜欢我的新妈妈，讨厌我的亲妈妈；喜欢新妈妈生的弟弟，不喜欢我，总是骂我……"听到这儿，我的心久久不能平静，该怎么帮助这个身有残疾、家庭不完整的他呢？思考良久，我找到天天："天天，奶奶每天接你时都向我打听你的学习，她是爱你的，老师也是爱你的，我一直把你当作自己的学生，希望你快乐地生活！"

我们每天通过"悄悄话"进行交流。他告诉我，他的爷爷病了，他很担心。于是我就引导天天给爷爷画张画、打个电话表达对爷爷的祝福。学生在说悄悄话时经常会说道：韩老师，我最喜欢和您说悄悄话，跟您讲话，就像和妈妈说话……渐渐地他不再孤寂，努力学习，成为班里的"小班长"协助老师的工作。"丑小鸭"变成"白天鹅"，纯真的学生、纯真的心灵，值得老师用爱去滋润。

五、一封推迟寄出的心形信笺

杲振洪

杲振洪，北京中学高级语文教师，同时担任班主任和语文学科教学，她热爱教育更热爱学生，始终坚持教学、教育两手抓两手都要硬的奋斗目标。曾在全国群文阅读教学大赛，北京市阅读教学观摩大赛等赛课中荣获一等奖。多篇《班主任的教育故事》获得区级一、二等

奖，多篇文章发表在《中国教育报》《现代教育报》《家庭教育故事报》《父母必读》等报纸杂志上。曾先后获得北京市优秀教师、朝阳区教育劳动奖章、朝阳区三八红旗手、朝阳区优秀共产党员、朝阳区"阳光杯"班主任及朝阳区优秀辅导员、朝阳区巾帼英雄等光荣称号。连续三届被评为北京市骨干教师、朝阳区骨干教师、学科带头教师。曾出版个人专著《寻找梦中的桃花源》。

题记：这张小小的心形信笺不仅仅是家长会中的一个小小互动，还是一个学生对这个世界的信赖与希望……

这张特别的信笺，源自开学一个月后的家长会准备过程中。老师们为了让家长和学生们更好地交流和沟通，让家长了解学生在北京中学一个月的学习和生活，特意为学生们准备了五颜六色的心形信笺，让学生们把自己想对父母说的心里话写在上面，叠好做成信笺的样子，以便让家长在开家长会时阅读。一切都想象得很美好，殊不知小雅却做出了出乎我意料的举动，在这个心形的信笺上一个字都没有写，以至于当天的家长会让坐在位子上的妈妈看着空空的心形信笺一脸尴尬……这到底是怎么回事呢？什么原因使得小雅对自己的父母"无话可说"？这引起了我的关注。于是序幕拉开了……

（一）家长会前风波出现，你的眉头紧锁让我担忧

家长会前，年级组的教师一致商榷决定本次家长会以"说说我的心里话"为主题，开展一次别开生面的亲子交流活动。

于是教师们为每个班级的每个人准备了一张颜色鲜艳的心形信笺，并提前一天发给了他们。老师鼓励学生们大胆地向他们的爸爸妈妈说出进入北中以来自己的真实心声。很快地，教室里就有了叽叽喳喳议论声："我们原来小学也给爸爸妈妈写过心里话的作文。""我妈妈每天都在我耳边不停地唠叨，我都不知道跟她从哪说起。""老师，我可以跟爸爸妈妈说说我来北中的感受吗？"……我默默注视着教室里的一切，突然一张表情凝重、眉头紧锁的小脸印入了我的眼帘——小雅。只见她噘着小嘴，一脸的不情愿，旁若无人地说："我根本没的写，写了也没用，他们根本不听我的……"那张好看的心形信笺已经被她揉皱了。

我连忙走过去，柔声提问："为什么没的写啊，小雅？你心里有什么意见和想法正好跟爸爸妈妈交流一下多好啊？""老师，写了也没用，他们根本不听！"学生很快打断我的话，态度坚决……这的确是我没有想到的。脑海中浮现出小雅从进入北中以来的学习与日常生活的表现：时常皱着眉头的小脸；不很爱发言和说话；遇到一些"不公平"的小事情反应强烈，比较自我。难道这跟小雅与爸爸妈妈的关系有关吗？这是一种什么样的亲情关系呢？全班乃至全年级都没有一个学生如此强烈地表达出不愿意写心里话的情绪，唯独这个平日里看着并不特别突出的小姑娘。

眼看要放学了。我安抚地拍拍小雅的肩膀鼓励说："没事的，你试试，不用很多，只要是心里话就好。不然明天开家长会，各位同学的爸爸妈妈的桌子上都有同学们写给他们的信，就你的爸爸妈妈桌子上没有多尴尬啊！"小雅没有再说什么，背起书包走出了教室，我想这招激将法一定管用。

（二）家长会上尴尬再现，你的出其不意让我吃惊

第二天下午，家长们陆陆续续走进了教室，坐在自己学生的座位上翻看着作业、试卷还有评比手册。彼此有时候还小声议论着关于学生这样那样的情况和想法，一切都在和谐有序的氛围中进行着。我看向了在教室窗户那组的一个家长。她有点尴尬，左右环顾，不知所措地看看周围的家长们，然后又把目光定在自己学生的桌面上了。啊，这不就是小雅的妈妈吗？

"怎么了，您没有找到座位里的信笺吗？"

"是啊，好像没有啊！"小雅妈妈小声说着。我的脑子"嗡"的一下，就以为小雅是随便说说的，哪知道她竟然真的没有给爸爸妈妈写这封心形信笺，把父母给晾在一边了！此刻，我才知道这个学生原来不是随便说说的，她早就决定了！竟然留下了一封空白的信笺！我一定要跟小雅的妈妈沟通一下了，这母女之间到底有多大的"怨恨"，导致这样出人意料的结果呢？

（三）家长会后，倾心交流，我的心意希望你懂

家长会后，我和小雅妈妈进行了单独的沟通。小雅妈妈是一个彬彬有礼、和善的人，我们的交流是愉快而又轻松的。但是，在交流过程中我能感受到她在竭力控制自己急切的心情。面对小雅一个多月的北中生活，她大部分的态度是肯定和理解的。但是，只要一具体到每天的学习状态、日常作息，她的语速就明显加快，似乎有满肚子的话要表达。整体说来无外乎有这样几点。

1. 认为小雅非常贪玩，不知道抓紧时间，太磨蹭。

2. 认为孩子时间分配不合理，每天晚上作业要做到十一点才睡觉，第二天就起不来。

3. 认为学生不听话，非常偏，听不进去家长的意见。

听完小雅妈妈的诉说，我能感觉到她最近一段时间内心的压抑。那种焦虑和怒气当然更多的是一种无奈和伤感，这一切时刻撞击着我的心灵，荡起了阵阵涟漪。夫妻二人对待学生的态度完全不一致，妈妈对待学生刚性的严格要求和强势的教养方式是导致亲子关系急剧紧张的问题根源所在。三个人彼此谁也不让步，谁也不认为自己不对，谁也不肯蹲下身子倾听对方的意见。

不知不觉，天色已晚。我对小雅妈妈的心情和感受表示理解和体谅，但对她和爸爸都不够明智和正确的教养行为表示批评和制止，并尝试从家人一致想办法调整作息时间开始缓解亲子矛盾。时间会证明观点或者事实，作为家长要有一颗可以耐得住焦虑折磨的心，淡定、静心于细微处去观察、去信任、去引导、去发现和调整，只有这样才能让这颗急切想要冲破黑暗的心愉快地成长，搭建向好的心灵桥梁。

走出学校的大门已是半个月亮爬上来的时候，月光如水，皎洁明亮。明天应该是一个阳光灿烂的日子吧。只是这张没有寄出的信笺一直压在我的心头，有些许的沉重，但是我想只要作为父母、教师，真正地理解和找到学生心灵深处的症结所在，给予积极正向的引导和教育，舒缓紧张的情绪和给予充分的信任与自由，这棵小树苗一定可以长成参天大树！我期待这张信笺的

109

寄出，尽管有点迟来也应该是好的。

（四）后来的故事——你若盛开，蝴蝶自来

故事写到这里，也许很多读者都在关心一个问题，就是小雅最后的那个信笺到底是否寄给她的父母。答案是肯定的，但并不像我们想象的那么简单，因为那是在家长会之后的两个月，接近放假的时候才寄出去的……在后续的两个月中我总在有意无意地关注小雅当天作业的完成情况，在图书馆里借着自己去读书看报的间歇与她随意聊天，表达换位思考的难能可贵。争取每天不让她因为时间管理导致睡眠问题再次激化矛盾，这样持续的跟进才使得她小小的眉头逐渐舒展，跟同学们在一起的时候也有了笑容。另一边我还不定期跟家长沟通交流，用小雅在学校的优秀表现缓解家长的心理焦虑和担忧，用教师的淡定、从容与温暖的情感信息缓解家长的情绪，从而形成了师生之间、亲子之间、家校之间的情感表达的良性循环。

回顾这个看似平淡无奇的小故事，其实背后却隐含着一个严重的问题。学生们在进入六年级以后身心发展都进入了高峰阶段，但是他们身边最亲近的人甚至还没有做好足够的心理准备，就要一下面对这样一个完全不同的学生。作为教师，我们如何发现学生的情感变化，追根溯源，用教师恰当的情感表达去舒缓淤堵的情感巷道，从而拉近学生和教师之间的心灵情感的纽带，继而促进亲子关系的和谐发展是我们在情感建构与师生情感表达这个课题中实践的重要课题。

1. 学生每天都在情感表达，你要有一双善于捕捉的眼睛

今天的学生们无疑是更为见多识广、极具个性的。每位父母都希望自己的学生不随波逐流、成为与众不同的人。于是他们更加独特、更加有主见、更加具有丰富的内心情感活动。但与此同时也有了更多样的表情变化和内心世界敏感的体验。一个动作、一个眼神、一声叹息、一个笑容，都是学生们对你、对同学、对这件事乃至对这个身边的世界的喜怒哀乐的表达。因此，面对这样一个一个鲜活的、情感丰富的小生命，作为教师，情感表达的重要性就更加凸显。人与人之间的交流除了语言之外更多的是眼神的交流、表情的演绎、心灵的默契与交汇。只有拥有了恰当的情感表达方式和较高的领悟能力，教师才能走进学生的真实世界，才能与之共情，才能成为他们心中最可信赖的伙伴。小雅其实就是我的"晴雨表"，清晨只要她一迟到，皱着眉头进教室，肯定就是因为昨天睡觉晚了，早晨父母叫不起来而发生的不愉快造成的。

　　因此，每天清晨与学生们的第一次见面就显得无比重要。他们表情的不同、语调的变化、精神的状态甚至眼神的光泽都在向你传递学生们的情绪指数是否正常。如果你有一双锐利的眼睛，可以在与学生们会面的几秒之内敏锐地捕捉到他们向你传递的情感信息，那么你就在第一时间占领了解决问题的先机，缓解了学生在学校里一天的心情。多一个快乐的种子，花园里就会绽放一朵灿烂的花蕊，这个花园就更多一分温暖和幸福。

　　2. 捕捉学生情感表达，促进师生关系建构的契机就是我们的主阵地——课堂

　　上课时学生们的情绪状态会集中表现出来。一贯积极举手发言的学生今天有点心不在焉，他向你传递的就是忧心忡忡的情感；一贯遵守课堂常规，学习很认真的学生因今天的批评表现不佳而有些局促和慌张，他向你传递的就是有些苦衷的情感；平日里有些淘气的学生今天的课堂显得过度老实，他向你传递的就是不够舒服的情感信息……但是这一切又都是默默地、无声无息地发生着的，发生在教师的眼前。课堂是那么鲜活、那么真实地存在着。如果此刻，你能把这一切都敏感地捕捉，哪怕一个小小的眼神与之对接，告诉学生你已经注意到他的异样，老师发现了他的问题，关注到了他，那么无疑对这个学生就是一个心灵和身体的安慰与呵护。就像文章中的小雅，倘若不是我发现了她眉头紧锁的样子和噘着的小嘴，也许就不会发现她内心的拒绝与对家长的不满，那么后续的学习和生活一定会阻力无限。

　　3. 捕捉学生情感表达促进师生良好关系建构的契机就是学生们的自由时间——活动

　　北京中学作为改革实验校，体验性学习是学校学生学习的一大亮点。从校内的午间十分钟演讲到中午的饭后操场活动；从下午三点四十分的体育活动大课间到放学后的社团选修课……时时刻刻彰显着学生们的活力，彰显着这一天在校园生活中随时随地发生的情感故事。作为教师，可能也只是随意地在校园里穿梭，从办公室到食堂，你是否发现今天班里的小白同学吃饭不香、味如嚼蜡的郁闷？难道他有什么失落吗？从教室到办公室你是否发现小轩和小朱在水房一直窃窃私语，看到你有眼神躲闪？难道他们有什么难言之隐吗？体育大课间，你是否发现在你眼里很是优秀、善于表达的小鑫同学却形单影只？难道她很孤独吗？……上前一步，呼喊一下，将学生邀请过来，或是一同玩耍。我们在用自己的情感表达告诉学生们：我很关心你，需要我的帮助吗？你愿意说给我听吗？用我积极主动的情感表达向学生们发射第一个信号，才是师生之间良好关系建构的基础。

我们不仅仅需要情感表达，更需要会恰当的情感表达。凡事都有一个合适的"度"，过之不好，不及也无效。如何合理、有度、有效地表达教师的情感，探测到学生的内心，并给予引导与干预，帮助学生们调整情绪，愉快地学习生活，成为他们心中可以信赖的人？这是最实际的关键。

4. 相信眼神的力量，学会用眼神沟通

六年级的学生自尊心愈加强烈，尤其不喜欢在大庭广众之下被批评，即使是一个小小的问题。作为教师要逐渐学会低音教学，用自己的人格魅力来感染熏陶学生，浸润学生的心灵。因此，不到事态发展严重到不得已的情况下，我们要学会让学生与你心领神会。比如老师讲话突然停止3～5秒，就是在表达一种发现个别同学有问题的提醒信号，一个眼神过去学生马上就应该心领神会地纠正自己的问题。再看一次时间，加上目光中有嗔怪地提问，学生知道老师对我有责怪但更是善意的批评。赞赏、表扬、鼓励、奋斗、喜欢……这一系列的情感表达大部分都可以用眼神来传递，减少呵斥，降低音量，让自己的情感表达尽量不夸张，而是无心插柳的自然与顺畅，我认为是对进入青春期学生的最好的爱护。

5. 相信爱抚的力量，学会用肢体表达

总是会想起那个关于北风与南风的寓言故事。尤其对于正处在从学生向青少年过渡时期的学生。恰当的肢体表达对温暖和安抚学生受伤、惶恐、困惑的心灵的确能够起到促进共情、构建良好的师生关系的催化作用。班里像小雅这样的学生可能并不多，但是需要安慰的学生却不少。回答问题有点胆怯，有点惶恐，教师用手轻轻拍拍学生的肩膀后侧，用手指向黑板的正前方，仿佛在对他说："没事，大胆地说！"当学生在运动会或者演讲比赛中得胜归来或是失意而归，教师第一个冲上前去给予一个大大的拥抱，告诉学生："你是最棒的！"不论是激动、欣喜还是委屈与难过都会在教师这拥抱的感染中得到合理有效的疏解与荡涤。因为一个小小的不违反原则的小违规动作，我们牵起以为会挨批评的学生的小手就跑，你所传递的就是："老师跟你一样也会淘

气和顽皮，这没什么，我特别理解！"这种"自己人"效应极大地降低学生们对你的防御心理，他们心中瞬间感受到温暖和幸福的情感，十分有利于良好的、值得信赖的师生关系的建构。文中的小雅，在期中那次家长会之后，我经常不经意地跟她聊天，了解她爸爸妈妈的态度以及她的反应，每每此时我都会帮学生缕缕头发、牵牵她的手，也和她一起做加油手势，换她一天的好心情。

6. 相信语言的力量，学会用文字达成默契

教师以"舌耕为业"，也是"以笔为生"的。这一舌一笔就构成了教师的教学语言。无论时代怎么发展，科技如何进步，教学手段如何现代化，教学始终离不开教学语言。只要有教师的出现，就有教学语言的存在。教师语言对于提高教师的素质、树立教师的形象，对于提高学生的语言能力、思维能力、审美能力，对于提供语言示范、营造课堂气氛，尤其是良好师生关系的建构都是有积极意义的。

在平日与学生们一起的学习和生活中，我要求自己最大限度减少使用强硬、消极、高音频的语言和学生对话。口语语言表达要求自己配合自己的眼神，要有积极的、亲切的、舒缓不焦躁的情绪传递出来，让学生们在与自己的相处中、在班集体的生活中心态是放松而又平静的，不是看到老师的表情、听到老师的话就紧张而又焦虑生怕自己做错了什么。同时，我还发挥语文老师的学科优势，用无声的书面语言跟学生们进行一对一的交流。这种用文字语言沟通情感的效果也许没有有声语言当面交流那么及时得到回馈，但是它对学生心灵的触动和影响确实更加持久有效。文字语言其实有很多类型，我主要是利用学生每周的自由创作随笔或经典阅读笔记批阅中的文字语言与学生进行及时交流，走进他们的生活、走进他们的经历，尤其要多读学生们感兴趣的书籍与他们拥有共同阅读语言的密码，在一段段属于学生个人点评的交流中，学生的心就会被这无声的语言鼓励、激发、甚至引发对自己行为想法的深思……还有就是一个学期一次的集中教师评语的书写也是与学生、家长表达情感，促进师生之间、家校之间良好关系建构的重要契机。

在北京中学工作将近四年了，我接手过三个六年级的班，写过三百六十多名学生的专属评语，虽然工作重复了三年，但是我知道在这看似重复的背后都是不重复的创造与不断地改进和调整。学生们不一样，家长不一样，每一年我们针对课程改革进行的总结和思考也在不断加深，在我心里每一名学生都是珍宝，都独一无二、熠熠发光、绝不相同。当你把用心写下的文字评

113

114

语送到学生和家长的手中，你就会收获满满的感激和感动。即使曾经与学生或者是家长有过小小的误会，这一段真心真情感真付出的评语也足以扫去灰尘，让彼此的心灵更加靠近更加温暖。

人们都说，痛并快乐着。的确，教师的工作就是急学生和家长所急的一种病痛当先，但更是用智慧和情感去温暖、感化、消解学生和家长之痛的那种最大的快乐和幸福！

六、在爱中体验幸福

房树洪

房树洪，北京中学语文高级教师，北京市骨干教师。获得市优秀教师、区优秀中青年知识分子、优秀班主任、基本功大赛一等奖、师德演讲一等奖等荣誉。积极践行教育改革，多年担任区兼职教研员，多次出色完成讲座、命题、观摩课、导师带教等工作，多篇教育教学论文获国家、市、区级奖，在《中国教师》《北京教育》《创新人才培养》等刊物发表。

有人说，待遇、朋友、价值可以把人留住。待遇是物质基础，朋友是情感寄托，价值是能力体现。我认为，还应该加上幸福感，这是一个人的心灵归宿。随着时间的推移，本来只想好好教课，现在却更像一名学生，不断地吸取许多滋润心灵的东西，我明白，那种东西叫幸福。

在30多年的教学生涯中，学生们对我的称呼在不断地发生着变化，从师哥到师父再到师爷，我感受到的不仅仅是岁月的流逝，更重要的是称呼背后反映出的学生们的真诚愿望：希望老师成为朋友、亲人、向导，这份期许才是我们工作的起点和终点。

学习的过程应该是一个充满生命能量、绽放生命光彩的过程。我们应该积极构建相互关爱、尊重、信任、包容的师生关系，保护和激发学生们的积极学习动机，促使学生们将知识学习积累为情感不断丰富、拓展，知识、技能与习惯、态度、价值观相融合的过程。2015年年初，我有幸上了一节"教师情感表达与师生关系构建"项目的观摩课——"名著就在我身边"，从此便与之

115

结下了不解之缘。我时时受此激励，得其鼓舞，明白了许多感动的原因，也便有了更多的信心和力量。说句心里话：没有爱，真的就没有教育。拥有爱，其实也很简单，那就是拉近与学生心理的距离。

（一）秋风送爽

调入北京中学后，我怀着满心的期待，走在焕然一新的校园里，早过不惑之年的我竟然感觉有一股青春的气息在体内激荡。但是在欣喜之余，我发现似乎有点什么不协调的地方……

当学生们从我面前经过的时候，要么继续说笑，要么冷眼一瞟，只有极个别的学生点一下头，算是打了一个招呼。当时我想也许是偶然吧，可是一天天过去了，情形基本上大同小异；也许只是对我吧，可是许多老师也有类似的感受；也许是不熟悉吧，可是一些与学生有较多交流的老师对此也是一声叹息。

一件看似很简单的事情，其实蕴含着不简单的道理，因为外在的行为反映的是内在的想法。如果能把简单的事情做得不简单，也许更有意义和价值。这时，正好赶上了我语文教学中的"情感"单元，我便结合单元的教学内容，安排了一个供大家思考的话题：感动。正是怀有一颗感动的心，作者才会用心观察一山一水、一草一木，并为人与自然的和谐相处而深深感动。感动不仅仅只是落实在文字上，而是处处展现在我们的身边，我列举了许多让我感动的细节：竞选班委时的倾情投入，讨论问题时的热烈场面，弯腰捡起的一片纸屑，抬头送来的一个微笑……发现感动本身也是一种快乐，而且这种快乐是可以传递的，可以留存的。于是，我留了一个随笔：《北京中学一周印象》。

这次课后，我欣喜地发现，打招呼的学生逐渐多了起来，有的学生远远地就开始向老师挥手，有时候还会从后面追上老师，大声地说"老师好"。老师自然也会特别留意学生们的举止言行，校园里便多了一些温馨的画面，彼此间似乎也多了一缕缕清爽的秋风。

借着"秋风"，我又安排了一个话题：微笑的魅力。经过讨论，大家达成了一种共识：问候不仅是一种表面的形式，还应该是真实情感的传递，而发自内心的微笑就是一种很好的语言。随后，微笑的问候就成了我们之间的常态。我有了信心，不断地引导着：不要根据自己的心情好坏、需要与否来决定打招呼的对象、情状，而是怀着真诚的心对待身边的每一个人、每一件事。

我和学生们相处得越来越融洽，学习与生活巧妙地结合起来，适当的情感表达、真实的成长过程，就这样滋润了彼此的心田。看似流于表面的问候，实则是浸透内心的沟通。学生的成长，既需要老师的陪伴，更需要老师的点醒和引领。每个人都有被欣赏的愿望，老师更应该有一双会欣赏的眼睛和一份愿欣赏的纯真，而这双"眼睛"与这份"纯真"，便是我们给予学生们的特别的礼物。

（二）花开有声

彤彤是一个活泼可爱的小女孩，就是经常有点控制不住自己，为此我也有点着急。一次偶然的机会，我发现她其实是一个心思细腻、情感丰富的学生，我相信，这样的学生，许多道理她一定会慢慢悟出来的。

于是，我用各种方式给她一次次善意的提醒，也一次次地告诉大家：彤彤是个非常懂事的学生，我们可以用心地等待，等着她静心思考的那一天。后来，她慢慢地明白了我的良苦用心，也真的慢慢地发生着可喜的变化。活泼的性格依旧，可是分寸感拿捏得特别好。小组讨论时，她的音量控制得只有组内的同学才能听到；别人发言时，她会认真倾听，然后才会提出自己的看法；课堂练习时，那种专注的神情令人动容。再后来，她原来的导师调动了，她便执着地选我为她的导师，而且告诉我：开始就想选我为导师，因为名额有限，没有如愿，我突然意识到，莫非她也一直在等着，等着有机会选我为导师的那一天？她几乎每天都会找机会和我单独说上几句话，有时候到了我的办公室，看见总有其他同学在场时，她便会大声地说一声："老师，再见！"我能感觉到，这就是一种亲近。她不止一次地告诉我，她原来是一个不太爱说话的学生，到了北京中学后，因为感到非常快乐，所以才会手舞足蹈地表现出来。她对北京中学的热爱，不知是否有我的影响，能让一个学生发自内心喜欢的地方，应该会有她感到亲近的人吧。

有一次，她对叶子落下的样子产生了兴趣，我随口说了句："你拿的那片叶子是你认真思考的标志，我准备收藏了。"放学的时候，她特意将那片叶子送到了我的手里，我发现叶子上面写满了她研究的问题及思考的过程，这片叶子我至今还珍藏着。每当看见我疲惫的时候，她都会主动迎上来，说些快乐的事情或是做些夸张的举动让我开心。

之后，在很多场合都能看见她活跃的身影：话剧里的精彩表演，主持时的淡定从容，运动中的奋力拼搏……发扬学生的优点，就是在矫正学生的不

117

足。看着原来一考试就焦虑的小女孩，在一次次考验中不断自信地前行，我明白了，给学生一点时空，静静等待学生慢慢长大，这既是一种师德，也是一种素养。

回顾我的教学生涯，发现有 3 个时期师生关系最亲近：一个是刚参加工作的时候，一个是荣升为父亲的时候，还有一个就是从 10 年行政岗位重新走回讲台专心教书的时候。我细细一想，其实原因很简单。

初登讲台时我的心里只有爱。我当时还是一个学生，带着一颗学生的心成了学生的老师，学生的喜怒哀乐我全懂。我们会一起在操场上来回奔跑，在楼道里玩闹嬉戏，在马路边谈天说地。我病了，学生们会几十个人陪我去医院，医生那惊异的表情我现在还清晰记得；我累了，学生们会排着队嘘寒问暖，每个学生说着不同的问候语，表达的却是相同的理解和关心；我去进修时，一个胖胖的一着急就有点结巴的男孩，竟然骑着自行车将我的行李从酒仙桥一直驮到了蒲黄榆，满头大汗的他只说了一句话："老师，你学完了我还接你回学校。"

我当了爸爸以后更懂得了爱。抱着啼哭的女儿，哄着她在我的怀里进入梦乡，我知道了爱的分量和责任，学生在我眼中就是我长大了的学生，我的女儿需要的也就是他们想得到的。推心置腹地交谈，设身处地地沟通，成为我们的常态。女儿 8 个月的时候，我的母亲病危，我就只能医院学校来回跑，而我带的班却成了区级先进班集体，后来我明白这就是知恩图报。不知道学生们从哪得知了我的生日，他们利用星期天将我约到学校，学生们已经把教室布置得充满了节日气氛，师生间说着、笑着，望着彼此满脸的奶油，那份甜蜜早已浸入心里。

不惑的我学会了爱。当老师把幸福感给予学生们的时候，学生们也会让老师感受到幸福的滋味。毕业的学生们每次见面或通话时，总也少不了的一句："老师，注意身体"。学期结束时，学生们自发地写了 15000 字的文章《我给房子写鉴定》，真挚的情感表露无遗。当学生们得知我由于特殊原因不能继续教他们的那个夏天，手捧鲜花向我表达感谢和不舍，这些花我装了整整一车；到北中的第一个教师节，近百名原来学校的学生陆陆续续地来到了学校，拍照时，学生们围着我，变换着各种各样的姿势，最后干脆把我举了起来，那份"抬举"，令我激动不已。学生们反反复复说得最多的话，就是想念。

在不断得到快乐的同时，我也在反思：也许以前同样也失去了很多。很庆幸，我赶上了一个最好的时代，遇见了一批懂爱、会爱的人。错过的美丽，不会再来，今天的美丽，不容有失。设置一个必选项——快乐，唤醒学生心灵深处的情感，用真诚的激励，在精心搭建的舞台上启迪着学生们展现精彩，让美丽的花儿在静静地等待中，慢慢开放，永不凋谢。心向学生，春暖花开，我们很享受，很珍惜。我知道，在爱中才能真正体验到幸福。

120

七、三代同堂话传统，两辈合家忆童年——在情感浸润中组织班会活动①

徐梦莹　王守英

徐梦莹，2014 年北京大学汉语国际教育硕士研究生毕业。大学期间任美国国际教育交流协会汉语教师，参与制作手机汉语学习 App《读西游学汉语》并获得北京大学挑战杯创新大赛一等奖。在北京中学从教以来，多次参与全国"十二五"规划课题研究，积极探索中学语文走班教学研究，所撰写论文获得北京市研究论文一等奖，2018 年被评为朝阳区优秀青年教师。在教育教学过程中，勤奋执着工作，上好每一节课，注重学生语文学科素养的培养，努力建构适合学生发展的教学模式。

王守英，北京中学语文教师，北京师范大学教育硕士，北京市师德标兵。从教二十四年，一直活跃在初、高中语文教学的课堂上，多年来关注小初衔接阅读教学研究，曾就此开展"十二五"国家重点课题的研究，也在"国培计划"项目和"朝阳在线"等平台上开设讲座。关注现代教育技术与语文教学的结合，曾撰写关于"iPad"在提高学生学习兴趣，改变学生评价，提高语文素养方面的文章，发表在《北京教育》上三篇。2016 年 5 月，参加首届师生情感交流项目现场授课比赛，获得一等奖。她认为，基于学科内容上

---

① 此节班会课由王守英主设计，王守英和徐梦莹共同执教完成，后文课例中提到的有经验班主任为王守英，青年班主任为徐梦莹。

的师生间的情感交流是最长情的告白。

亲其师，信其道，情感是教育的基础，是教育的终极目标，更是教育最真实的本质。"情感"在班主任工作中也具有很强的现实意义，它是增强德育工作时效性的内在要求；是培养中学生健康心理和健全人格的需要；是促进学生认知发展、提高学生审美能力的需要；更是促进学习方式和评价方式变革的需要。但是我们这里所说的"情感"与人与人之间随意生发的情感不同，它应该是一个班主任所具备的专业"情感"，它是需要在实践中精心培育的，在实践中生成并达到一种自然流露的状态。

现在有的学生个人意识强，以自我为中心，很难与他人进行合作；抑或是长期沉溺在网络虚拟世界中，缺乏与他人的有效沟通而导致负面情绪无法得到发泄，从而产生心理障碍，这些都是学生情感"失真"的体现。而班会课就为学生提供了交流的机会，是沟通师生情感、融洽同学关系、展示学生才华的重要舞台。但是长期以来，班会课的教学出现了重说教轻情感的状况，很多班主任对班级管理中的情感因素认识不足，造成班会课出现普遍"缺情"或者是过度渲染某种情感的现象。这样可能会扼杀学生良好行为养成的内驱力，从而抑制认知因素的发展。

面对这样的情况，我们期望运用这样一种班会形式——不说教，不走过场，以学生为主体，以班主任为主导，启发、引导学生在一种自然的情感浸润中实施自我教育。下面我们将分享一节情感浸润中组织班会活动的班会课例。

（一）准备：班主任自身情感的调节

在班主任工作中，我们深刻地感受到教师的情感不仅是个人的一种心理特征，而且是一种重要的教育资源。一方面，青年班主任因为年龄代际的关系，仿佛更容易与学生拉近距离，但拉近距离并不代表没有距离。这种与学生之间的距离感和分寸感是很多青年班主任在工作之初一直琢磨和探索的，并也时刻提醒自己在学生面前是教师的身份，而不是纯粹的朋友关系。另一方面，无论是青年班主任还是有经验的班主任，都需要保持一种积极稳定的情绪，并以一种对学生关心、接纳、理解、尊重等积极的情感去激发学生的积极情绪，以及愿意与教师接近的交往倾向，为师生关系建立一个良好的情感基础。这种情感基础一定是建立在班主任以学生为主体的前提下，设身处地地从学生的角度出发思考问题，并且善于观察，从学生的非言语行为中发现学生的心绪状态。如果在调控学生行为的过程中，施以情感的影响，采取与学生心理上相近、相容的态度和方法来开展班会活动，班会的教育效果会更加理想。

（二）开端：情感启动

思想道德教育不是知识的堆积，而是一种"唤醒"。我们想这种唤醒正是需要一个班级情感的触发点才能产生共鸣，进而才可能发生作用。事实上，班级中情感的触发点是极其丰富的，它源于学生现实生活中的素材，关键是要拥有善于发现的眼光。

拥有一个好的情感触发点，一节班会课才能具备创新的活力。在班会课准备阶段，我们积极挖掘潜在的教育素材，寻找学生的情感触发点，期待让学生"入境"，让班会课凸显生命的灵动。班会课的情感启动阶段，我们要做的第二项工作就是尊重学生主体情感，想方设法让每个学生都参与到班会课中，最大限度地调动起全班同学的积极性。

此节班会课正值西方圣诞节和中国冬至日前后，所以我们在寻找情感触发点的时候有意识地从学生的节日生活中寻找灵感，期望在西方的节日和中国的传统节日之间建立某种联系，但是这种联系不应该是完全建立在学生和教师的叙述中，我们必须让全员参与并且活动起来。再加上 12 月语文课程的主题单元为传统艺术单元，从语文课堂内走到课堂外，需要我们更多地关注对传统艺术、传统文化的保护，所以我们这节班会课教学目标可以进一步落实到中国传统文化。最终，我们在传统文化的大家庭中选择了传统游戏（最能与学生产生共情的一种文化内容）作为整节课的线索。

情感启动阶段：两名学生主讲"00 后"的一代人是怎么度过刚刚结束的圣诞节的。在没有和学生商量的前提下，学生从圣诞节的来历、圣诞节的习俗（家中摆设和校园活动）这两个角度娓娓道来。最后，两位同学还不忘进行反思，他们认为相对于中国传统节日，他们这一代人好像更加重视西方节日。作为中国人，他们不应该忘本。

接下来，作为"90 后"代表的青年班主任也就顺势而为，从中国的传统节日冬至入手，并结合自己的微信朋友圈给学生们具体讲自己家如何过传统节日冬至。青年班主任着重选择了自家冬至五果的摆放顺序及其背后的文化含义和学生们最感兴趣的南北方冬至饮食来切入，与学生生活息息相关，学生的兴趣被激发，情感也就不自觉地悄然启动。

（三）酝酿：情感融入

学生的情感在特定的情境中被启动之后，教师因势利导，组织学生围绕某一主题进行讨论、交流，在师生互动中，学生去感悟、体会、再认识，使自己的情感与他人的情感产生碰撞、交流。

情感融入阶段：借着对冬至传统的儿时回忆，我们引入了对儿时传统游戏的回忆。学生们听到游戏一词之后情感上进一步与我们靠近。这一环节中，我们以一段记录自己童年游戏的视频为案例，随着歌曲《童年》的旋律缓缓流动，一个个鲜活的儿时游戏映入眼帘。教师结合自己的经历，滔滔不绝地与学生们一起回忆自己是怎么玩这些游戏，游戏中发生了哪些有趣的事情。当然这一环节一定不是教师的一言堂，我们会在适当的时候抛出问题：这些游戏你们曾经玩过吗？你们是怎么玩的？你们儿时的游戏都有哪些？最后，我们在与学生的交流以及不同年代游戏的对比中得出共识：快乐有时候与金钱无关，与空间的大小优劣无关。重要的是游戏让我们懂得遵守集体规则、让我们脑洞大开、让我们结识了小伙伴、让我们在潜移默化中成长。这一环节，青年班主任是"90后"的代表，但和"00后"们的代际仿佛不存在了，学生对传统游戏的了解并不比教师少，就差冲出教室一起玩了。从他们的眼神里，我们看到他们对教师儿时操场游戏的渴望，仿佛在那一瞬间师生之间的代际和隔阂完全消散，青年班主任也像个大学生一样与学生们一起笑，一起闹，心有灵犀一点通。

在这一阶段，教师和学生都进入了情境中，师生之间不断擦出心灵的火花，情感在持续酝酿中，并且厚积薄发，就等待喷薄的那一瞬间。

（四）高潮：情感内化

教师的故事结束之后，该是学生们快要达到情感曲线最高点的时候。

情感高潮阶段：我们设计了两个环节。其一是请"70后"有经验的班主任现场用两根绳子、一个沙包来示范自己儿时的不同玩法。学生们在观看的时候已经跃跃欲试。我们顺势给学生布置任务，七八十年代人手中的两根绳、一张纸、一个毽子、一个沙包、一个乒乓球，学生们以小组为单位在三分钟之内用这些简单的道具想出三种以上集体游戏的玩法，并在课堂上完成讲解和示范。

在集思广益的准备阶段，教师积极地参与到学生的讨论中来，引导学生

123

积极地多角度地思考，把学生带入想象的世界中，加深认识，活化思维。在展示阶段，这些看似简单的道具都在学生们的手中焕发出了新的生命。

首先是乒乓球，在没有球拍的前提下学生们有的玩单手接球，在球抛向空中的同时摆出各种姿势，憨态可掬。有的小组更是脑洞大开，他们在研究如何将球投入四张桌子拼起的桌洞中，玩起了"桌球"。

毽子对学生们来说一点也不陌生，只是很久没有时间和机会去体验这种传统玩具的乐趣。学生们很快上手，四人玩起了接力踢毽子、手拍毽子对垒、踢毽入筐等。

哪怕是白纸和编织绳这种早已被学生们忽视的游戏道具，也在学生们的手里开出花来。学生们叠纸做成九宫格游戏，还设计出如何将身体穿过一张白纸这样的难题让其他小组去挑战。有的小组用编织绳子现场开始跳起绳来，女生们还用编织绳跳起啦啦操。

（五）归宿：行为外化

掌声过后，这节课并没有结束，我们必须趁热打铁，将强烈的情感潜移默化地引向某种更深层次的学生自觉意识，甚至是一种自觉行为。这种行为是一节优秀班会课的结果，更是理想班会课所追求的目标。

我们给学生留了家庭作业：两辈合家忆童年。学生陪长辈玩一次他们儿时的游戏，并把这次"合家欢"制作成3~5分钟的视频，发到班级群中，让每个家庭的快乐汇成一首幸福的歌。在半个学期的班主任工作中，我们发现有些家长与学生的沟通还要依赖于班主任。其实，世间最大、最深的爱莫过于父母之爱，只是学生们年纪小体会不深，何不借此机会找到一个家长和学生之间愉快的沟通方式，进而增进家庭的和谐气氛，让课堂的欢乐延续到家长和学生之间。

此次作业，班级中必然有几个学生不愿意完成或是有畏难情绪。班会课后，我们立即在家长群中呼吁家长务必假装弱势，让学生亲近自己，并力辩老师之用心良苦，期待家长们与学生一起做一次心与心、情与情的游戏。此次呼吁在家长群中得到强烈的反响，回忆童年、阖家欢乐、亲情永远，家长们普遍认为这个时期的学生在情感上逐渐脱离父母，而这项作业正是给了父母一个合适的机会去表达对学生的爱。相信通过此次活动，家长和学生都会有所思考和收获，学生能够将自己与父母之间的亲情外化成一种潜移默化的行为。

更可喜的是，我们看到放学后，学生们仍旧兴致不减，往日的拿起书包匆匆赶路，变成了齐心协力布置教室，到处充满了快乐，班主任们与学生们也拉近了距离，我们也在学生这种自觉的行为外化中感受到了一种情感的共鸣。

在这节情感浸润的班会活动中，情感从启动、融入、内化，最后到行为外化，就像一道美丽的彩虹，映照在学生心中，并且悄悄地发生着化学反应。这种渗透着真实的、有共鸣的情感的教育对于班主任也提出了更高的要求，对班主任的专业化成长是一个巨大的挑战。作为班级的管理者，我们还需要继续不遗余力，多从学生的情感出发，以情优教，实现师生的共同成长与和谐发展。

八、三百天的守望，一辈子的珍藏

余国志

余国志，教育学博士，高级教师、曾赴台湾省交换学习，研究领域为中小学课程与教学。多篇文章发表在《教育研究》《中国教育学刊》《课程教材教法》《人民教育》等。

在宇宙中，星星是宇宙的光亮。在教育中，学生是世界的光亮。每一个学生都是独特的，明亮的生命体。作为教师，我的使命就是去擦亮这一颗颗星星，打开他的生命天窗，帮助他成为最好的自己。

伟大的教育家苏霍姆林斯基说："没有爱，便没有教育。"诚如所言，爱是教育的前提。与其他工作不同的是，教育是一份需要爱的神圣工作。越是在教育一线，就越能感到爱之于教育的重要性和宝贵性。

记得我刚入职不到两个月，我被学校突然任命为一个班的班主任。一时间，我手足无措，就这样无助地被推到了这所"教育的房子"中间。房子的一边是学校，一边是家庭，在蹒跚学步的班主任岁月里，我度过了幸福而又充实的300余天，收获了教育带给我的成就感和意义感以及神圣感。赋予我成就感的便是19个生命和19对父母，而真正要感谢的则是学生们。因为学生们让我过上了幸福完整的教育生活。

教育总是因人而伟大，因生命而有意义。在我成为这个班的班主任之前，班里的大多数学生就已经对我说："老师，闹闹同学最招人烦了，我们都不想搭理他。"我微微一笑，接着问："闹闹是谁，为什么这么说他呢？"

"他爱撒谎，爱出风头，桀骜不驯，不讲卫生，爱打断老师讲课，总和女生有身体接触，爱搞恶作剧，人品有问题。"听完这些，我并没有说什么，因为此刻，我对他并不了解，然而却也凭借一点点的外界接触，对闹闹同学有了初印象。

其后，我接手了这个班，便开始重点关注闹闹同学了。的确，按照"好学生"的传统定义，闹闹同学无疑是不及格的，其行为乖张，卫生状况堪忧，言语无度，行为无序。但我的教育理念是：每一个学生都是独特的生命体，总得有人去擦亮星星。学生在这个阶段，有所谓"问题"也是正常的，否则需要我们教育工作者做什么！我的教育理念让我思考：闹闹同学的问题是问题吗？是真问题还是假问题？

为此，我开始深入观察他的一言一行，并经常利用午休时间，找他谈心聊天，及时做好记录，并依据阿德勒的个体心理学做出了我自己的分析，发现在闹闹同学的内心世界深处，有3种激烈的情绪和力量在斗争：一是自卑和自信的矛盾情绪。如，他一直不敢与我还有同学进行眼神交流，做时事播报的时候总是低着头，实际上这是一种不自信的表现，这种不自信有可能来自他学生时期的生活经验，也有可能来自现阶段学业成绩的表现不佳，也有可能来自家庭关系的复杂情境，更有可能是缺乏来自教师积极的鼓励和正面的爱，等等。但从他勇于表达见解这个方面来看，他又是十分自信的。这种矛盾的张力，构成了他生命生长的基本颜色。我建议他，把自卑作为动力，因自卑而超越，需要把这种自卑作为前进的动机和理由。二是情感开始成熟和迷茫焦躁不知所措的矛盾。闹闹进入青春期较早，有了初步的性意识，所以就对异性产生了一种朦胧的好感，其实这是一种很正常的情愫，这也就不难理解他的行为，总是想吸引异性的注意和好感。但是我感觉到他自身并不知道如何处理，不知道如何寻找出口，也不知道如何应对。我建议他利用自身的思维深度，有意识地把情感的发展转化为对学业的表现、思维的进阶，只有优秀，才能获得更多的认可和接纳。同时，这种对异性的情感，其实就是一种欣赏，一种愉悦的感觉，一种对美的追求，是正常的人性。三是个性张扬和共性相处的矛盾。每个人都与他人不同，每个人都有自己的个性。这三点是基本的人性常识。我鼓励闹闹把个性的彰显用在提升思维的品质上，用在提升自身的学业上。同时，在与同学相处，在公共空间，要时刻注意到场合、条件、人、事物的变化，这个时候就需要基本的相处共性，比如：友善、平和、尊重、自律等。

127

根据这种观察和分析，我抓住在学校的阅历课程途中，我和闹闹同学同坐在大巴车上的最后一排这个机会。

我说："闹闹，我们聊聊，打发打发时间，可以吗？"

他一脸愕然：老师，您和我聊？

我笑着说：是啊！我经常看到，你中午踢足球，你是不是很喜欢足球？

他惊愕地看着我：经常？老师你经常看到我踢球？

我：是啊！

他：谢谢老师关注我。

我：应该的，每一个学生都是我关注的对象，在我眼里，每一个学生都不一样，都有特点。

他一脸狐疑地问：老师，你也喜欢足球？

我：嗯，要不，你考考我这个资深球迷？

他：那你说说，足球领域里三个同样名字的"罗纳尔多"分别是谁吧？

我：大罗（外星人罗纳尔多）、小罗（罗纳尔迪尼奥），小小罗（葡萄牙国家队的C罗）。

他一脸惊讶地说：老师，你这都知道？

我笑着说：你再问，看看我有什么不知道的不？

他再问：那你知道我最喜欢的足球明星是谁？

我应声答道：梅西。

他惊呼：老师，你太神了，我服了。

我哈哈大笑，并借着这种构建起的愉悦情境，接着说：在我的课堂上，你的思维品质卓越，反应敏捷，思路开阔，和而不同，表现优秀，老师十分欣赏。

他十分惊讶地说：老师，我有这么多的优点？

我十分肯定地说：是的，你不仅优点有很多，而且潜质出众，思维非凡，甚至某些地方很伟大。比如校园足球赛，你恨不得以一人之力，为班级赢得奖杯；再比如班级露营和军训，你总是想帮助同学背包；比如当他人需要帮助时，你总是愿意主动去帮助他人；再比如，你在课堂上回答问题的时候，那思维的反应速度堪称闪电，还有……

他十分诧异而又兴奋地说：老师，这是我上学以来第一次听到这么细致的评价。谢谢你，老师。

我说：不客气，不给任何一个学生贴标签，是我的教育理念。不过，你也应该思考一下，是不是有一些地方还可以做得更好？

他转变极快，很不好意思地说：老师，我错了（他其实非常机智），有些地方，我的确做得不好，我一定改正，否则就对不住你的关注了。

我笑着说：老师坚决相信你内心深处有一颗向善向学的种子，所以才和你谈心。但是如果你从行为上、学业表现上，做一些适当的控制和优化，那他们是不是就不会对你有误会了呢？对你的看法是不是就有很明显的改观呢？所以，用事实说话，用行动说话，便是最好的回答。老师我对你充满无限高远的期待！加油！

虽然这次谈话是愉快的，但现实却是让人头疼的。一到教室，闹闹同学把我们的约定完全抛弃了，他又一次陷入了恶性循环，生活在自己的世界之中。

在这个时候，我茫然了，无措了，不知如何是好。就在这时，我想到了朱永新老师的这样一句话："学生的问题根子在家庭。"于是，我立刻开始琢磨，如何把闹闹的父母引进来，作为教育合力的第二种力量。一般而言，父母是支持班主任工作的，但是由于之前闹闹的父母被前班主任叫到学校训话多次，在学校与家庭之间已形成了隔阂。

于是我在思考，如何突破闹闹父母这种不太愿意合作的心理隔阂呢？我如何将心比心、以情换情、设身处地思考闹闹父母的感受呢？在我的内心深处，我始终坚信，没有父母不希望自己的学生变得更好。

在这种信念的鼓励下，我第一次用书信的方式，给闹闹同学写了一封长达5000字的信，深刻剖析了他的身心发展状况，表达了我的看法。这封信不知为何，落到了闹闹父母的手中。闹闹父母看完信，第二天就来到我的办公室，说一定要见我。我对此并没有任何准备，以为是哪里说错话了，心里也有点忐忑。然而闹闹父母一来到我的办公室，便说："余老师，你写给闹闹的信，我们都看完了，你和别的老师不一样，你是有爱、有情怀的老师，我们很愿意和你交流关于学生的事情。今天我们来就是想配合和支持你的工作。"

幸福总是来得太突然，刚才我心里还犯嘀咕，现在却"雨过天晴"了。我心里暗喜。

于是，我们聊了整整一上午，夫妇俩耐心地诉说，我认真地倾听，写下了7000多字的文字记录，并整理成文，发给学生和父母看。同时，我们还约

129

定，每天晚上互相发微信，父母发学生在家里的学习情况，我发学生在学校的整体表现情况，300余天，未曾有一天间断，这些记录至今还在我的手机微信里保存着。

当学生知道了我和他爸爸妈妈每天都交流和沟通这件事以后，触动很大。学生主动找到我，告诉我说："老师，我以为你是闹着玩儿的，不会坚持很久，但没有想到，你竟然和我爸爸妈妈为了我，坚持了300多天的微信沟通，我觉得没有人能对我这么好，我会努力的。"

我用坚毅的眼神，平和的语气告诉他："不仅仅是这300余天，未来的4年，我都要和你们的生活连接在一起，直到你彻底转变。"

或许，他看到了我的决心，看到了我的果敢，于是在内心深处，开始了另外一种翻腾。

果不其然，在接下来的学业检测中，闹闹同学获得了全年级最快进步奖，个人卫生有了明显改观，行为控制意识有了明显提升，同学们对他的看法有了明显改观，个人向上发展的内驱动力得到增强。

这颗星星终于发出了微光！

我不仅没有因为这个学生而感到焦虑，反而从内心深处认为这个学生是我教育生涯中的珍藏和典章。我之所以如此知行，是因为我内心坚定认为，每个有"问题"的学生，都是被尘埃遮蔽的"星星"，我们教育工作者要做的便是做擦亮星星的人！

直到现在，我还带着这个班，带着这个学生，进入了高中。在爱的滋养下，闹闹同学在高中的学习生活，逐渐摆脱了之前的失控状态，开始用某种意志来与自己的自弃做斗争，走上了正确的道路。高中学程，是他的自我发现之旅，他找到了自己的动力（化学、生物）；是他的征服之旅，他征服了原来的他；是他的新我之旅，他经历了蜕变、新生。

我们必须承认这个事实，不是每个人都有能力走出来。尽管他还存在小问题，但发展、向上是主旋律。为此，我在他的综合素质评价中这样写道："闹闹，我想对你说，当你站起来了，世界就变得小了。"

事实上，这段故事写起来是平淡的，经历是苦涩的，回想起来是温暖的。特别是回忆起，我遭遇到他的这种状态时，我也苦恼不已。但我深知，师生之间是没有选择的。师生之间的相遇，是人海茫茫中最微弱的那一丝缘分。尽管这是一种无准备的情境代入和遭遇，但我的信念异常坚定：不放弃任何一个学生，无论他是贫穷，还是富有……

　　在我的教育观念中，我理解的教育，它是唯一一种人与人之间的心智活动。教育的出发点是人，终点也是人。人，因教育而成为人；教育，因人而存在，双方彼此依存。人是世间最有价值、最宝贵的存在。教师从事的是成人之美的事业。这里的"人"，既可以是大写的人类，也可以是小写的一个个具体的、感性的生命。既可以是幼儿，也可以是成年人；既可以是女性，也可以是男性。教育的对象是人，试问，世间还有哪一种职业比育人更为神圣呢？师生生命相互"发光"，相互成就。这种"发光"、成就，便是教师意义感和神圣感的源泉。

　　让我们一起擦亮星星！

131